VOYAGES

Borgo Press Books by MICHEL GALIANA

The Dream in the Orchard = Le Songe du verger, translated by Christian Souchon
Milestones = Milliaires, 1978-1989, translated by Christian Souchon
Mythologies: Fighting Hercules; The Triumph of Hermes = Hercule combattant and *La triomphe d'Hermès*, translated by Christian Souchon
Voyages: Maturity and Later Works = Œuvres de la maturité et œuvres tardives, translated by Christian Souchon

Borgo Press Books by CHRISTIAN SOUCHON

Merlin the Bard = Barzaz Breiz: A Ballad from Brittany in Five Languages, by Théodore Vicomte de La Villemarqué, translated by Christian Souchon

MICHEL GALIANA
(1933-1999)

VOYAGES

MATURITY AND LATER WORKS
(*Œuvres de la maturité et œuvres tardives*)

Selected Poems

by

MICHEL GALIANA

Translated by Christian Souchon

Bilingual Edition

THE BORGO PRESS

An Imprint of Wildside Press LLC

MMX

Copyright © 1991 by Michel Galiana
Copyright © 1991, 2010 by Christian Souchon

All rights reserved.
No part of this book may be reproduced in any form
without the expressed written consent
of the author and publisher.
Printed in the United States of America

www.wildsidebooks.com

FIRST WILDSIDE EDITION

CONTENTS = TABLE DES MATIÈRES

Maturity Works 7

I. AUTUMN	8
II. PRAGUE	10
III. A DESERT	14
IV. CHILD	16
V. HONEY-BEE	18
VI. CHARITY BALL	20
VII. HISTORY	22
VIII. THE CAGE	26
IX. THE TEENAGER	28
X. A QUIET SUMMER MONTH	30
XI. FLYING BACK HOME	32
XII. SNOW	34
XIII. BRUGES	36
XIV. MAY '68	38
XV. AGE	42
XVI. WOMEN	44
XVII. MEMORIES	46
XVIII. COLCHIS	48
XIX. ROMANCE	50
XX. PIEDS NOIRS	54
XXI. NANTES	58
XXII. THE GRANDPARENTS' HOUSE	60
XXIII. HAFIZ	64
XXIV. ALCHEMY	68
XXV. AXEL	72
XXVI. DREAM	76

Later Works 79

I. A FRAGRANCE OF FOREST	80
II. CEASING MUSIC	84

III. ORPHEUS	88
IV. THE OLD MAID	92
V. THE MORAY	94
VI. HAFIZ'S SHRINE	96
VII. COACH JOURNEY	98
VIII. JAPANESE GARDEN	100
IX. ULYSSES IN MONTPARNASSE	102
X. THE UNICORN	104
XI. CITY	108
XII. OBSTETRICS	110
XIII. MONTE-CRISTO	1
XIV. NUMBERS AND LETTERS	1
XV. BACK TO ORIGINS	124
XVI. EVENING SKY	126
XVII. PEEPING TOM	128
XVIII. THANKA	130
XIX. BEAUTY	1
XX. ARS POETICA	138
XXI. COMFORT	140
XXII. EUROPEAN CONVULSIONS	142
XXIII. PATCHWORK	146
XXIV. THE STRANGER	150
XXV. THE TWIN BROTHER	158
NOTES	161

Maturity Works

September – October 1978

Œuvres de la maturité

Septembre – Octobre 1978

I. AUTUMN

Autumn shall loud and high let sound all her fanfares.
Mist in the golden morn. Withered leaves, thick perfumes,
And a whispering voice that in the distance fades.
The hunter on my tracks let loose his baying hounds.

When the nights have devoured all your short-lasting glee,
When your golden tints have adorned the tales of years,
The sappy tree will lure again the humming bee,
Your song will hide away under these dashing greens.

But for me, Autumn will never again arise.
Clotted blood in the trunk announces no return.
And on the fading voice utter silence will thrive.
For there can be no dawn to him who loves no more.

γηγηγηγηγηγ

I. L'AUTOMNE

L'automne va sonner de toutes ses fanfares.
Brumes aux matins d'or. Feuilles, parfums épais,
Et voix, chuchotement dont la trace s'égare.
Le chasseur sur mes bris découple ses limiers.

Lorsqu'auront englouti les nuits tes splendeurs brèves,
Lorsqu'auront chu tes ors sur les contes des ans,
Des cimes de nouveau bourdonneront de sèves
Où ton chant guettera sous les verts éclatants.

Mais l'automne pour moi n'a nulle renaissance.
Le sang du fût crispé n'annonce de retour.
Sur la voix qui s'éteint grandira le silence.
Il n'est plus de demain quand s'achève l'amour.

γηγηγηγηγηγη

II. PRAGUE

The warden of my years watched over Hradcany
Till the end of the times, till the fall of the wings.
No star-circled eagle and no steeple that rings
Could ever waken it from its long reverie.

Many who crossed the bridge were lovers or sages,
The same philtre has poured on these minds oblivion,
For devoting their lives to love or science is
To them who seek gods in their souls a delusion

Near the Christ in a star-shaped halo flashed your smile.
The river was misty and mist was the manor.
Well we knew that our realm of dreams was swept aside
By a stream hid in us, we scorned to consider.

The lunatic prince who tried to defy Fortune
Engraved his cipher on a frontispiece of speech,
But our story to tell was not a common one.
The lament of the Cupbearer must have been brief.

(A river was sparkling and it was but a tale.
Hunting horns resounded high up on the mountains.
Prague, your roofs are of gold but your basements smell stale.
The legendary town has gnawed away its slums.)

II. PRAGUE

Le gardien de mes ans veille sur le Hradchin
Jusqu'à la fin des temps, à la chute des ailes.
Ni le beffroi qui bat, ni l'aigle qui s'étoile
Ne sauront le tirer du songe qui le tient.

Sur le pont ont passé les amants et les sages.
Un même philtre unit ces esprits oublieux
Car vivre d'un savoir ou vivre d'un visage
Est leurre pour qui cherche en son âme les dieux.

Près du Christ étoilé fleurit votre sourire
Le fleuve était de brume et brume le manoir.
Nous savions qu'emportait nos rêves, notre empire,
Le fleuve en nous celé que nous ne voulions voir.

Si le prince dément pour braver la fortune
Voulut graver son chiffre au fronton des discours,
Notre histoire à conter n'eut pas été commune.
Les dits de l'échanson auront été bien courts.

(Un fleuve étincelait qui n'était qu'une histoire.
Sur le plus haut des monts sonnaient des hallalis.
Prague, tes toits sont d'or, si tes caves sont noires.
La cité de légende a rongé tes taudis.)

We have roved in a yard where the phantom wallows.
Pines rustled endlessly over the stone ledgers,
And bitter was the wind and sombre were the brows.
But the fear of the dead souls never haunted us.

The clock that went backwards as it measured the hour
Was telling us that love returns eternally—
In vain—for its advice for us was but a lure
And your brow in shadows closed with obstinacy.

Deep was the quiet church—and deep was your silence—
Where tittle-tattling saints chatted with pert Amours.
Their rounded thighs were to decency a challenge;
They seemed Patti's lesson to recite, their teacher's.

When the bird of metal at last had left the town,
Slumped in armchairs that were temptingly numberless
Two strangers full of scorn were still exchanging frowns,
And broke with their fingers the dolls of happiness.

γηγηγηγηγηγ

Nous avons cheminé où croupirent les larves.
Sur les dalles le pin chantait l'éternité,
Mais âpre était le vent, et les visages graves.
Les hantises des morts ne nous ont pas hantés.

L'horloge qui montrait à reculons les heures
Nous disait que l'amour est éternel retour—
En vain—car ses conseils furent pour nous le leurre
Et de nuit votre front se mura sans retour.

L'église était profonde—ainsi votre silence—
Où des saints cancaniers, des amours polissons,
Arrondissaient la cuisse et narguaient la décence
Semblaient avoir appris de Patti les leçons.

Et lorsque l'oiseau clair nous tira de la ville,
Dans le fond, écroulés, de fauteuils tentateurs
Deux spectres dédaigneux, deux étrangers hostiles,
Brisaient entre leurs doigts les poupées du bonheur.

γηγηγηγηγηγη

III. A DESERT

A closed gypsum flower, a desert or a storm.
...And all this broken past bundled into a song...
And festive splendours which a told childhood adorn
Even if to be young constitutes treason.

The stars faintly twinkled in the frost and the night,
And the spread out silence awaited the muezzin.
And below, Africa, like in a book passed by
Whose pages would be turned, one by one, by the wind.

To the hermit's abode I told of your absence
And, in the lake your ghost was mirrored suddenly.
The hopping black-white bird taught me in confidence
What word was owed to you who had bewitched me.

In the chaos of mounts that mingled with sea strands
The traveller did stray but his reason prevailed
For I knew how to find among my dreams of sands
The path, never erased, that led out of my jail.

And more than in past days we felt ever nearer
Since there were, O wisdom for which we're at a loss,
Between us, heaped up, miles and high rocks and water,
To dream of each other just a desert to cross.

ɣηɣηɣηɣηɣηɣ

III. UN DESERT

Rose de sable close. Ou désert, ou tempête.
...Et ce passé brisé qui se noue en chanson...
Toute enfance contée a des splendeurs de fête
Même si la jeunesse est une trahison.

Les étoiles clignaient par la nuit et le givre.
Le silence étalé attendait le muezzin.
L'Afrique sous mes pieds défilait comme un livre
Dont le vent fait tourner les feuillets un à un.

Au rocher du reclus j'ai conté votre absence.
J'ai miré votre spectre au lac inattendu.
L'oiseau noir blanc sautant m'enseigna, confidence,
Pour m'avoir envoûté quel mot vous était dû.

Le chaos qui mêlait les massifs et les grèves
Traqua le voyageur, mais non pas sa raison,
Car je sus découvrir aux sables de mes rêves
Le chemin jamais mort qui m'ouvrit ma prison.

Et plus qu'aux jours d'antan nous nous sûmes plus proches
Pour entre nous, sagesse où le sage se perd,
Avoir accumulé les lieues, les eaux, les roches,
Pour nous songer de part et d'autre d'un désert.

γηγηγηγηγηγ

IV. CHILD

In the town park where fly-blown summer was humming,
When high-noon filtered through the boughs patches of sun,
I sat there on a bench, through the wild hour resting,
By a hot scent of grass my drowsy mind benumbed.

In the sand a child played, black-nosed and rosy-faced,
Next to him a warbling pigeon walked about.
The child laughed, the bird fled—then all came to a rest,
And for a while silence prevailed, but soon was out.

Nearby, knitting their wool, a chorus of young girls
Was singing at the scene in a low, subdued tone.
They knew of the sparkling eyes, of the blood that whirls,
Of the rumbling being at which Amour hurls his stone.

Of night on the summits, of crushing obsession,
Then in that bright garden stroked by the sun so mild,
They felt how was rising from their apprehension
And was wobbling along a laughing, beaming child.

γηγηγηγηγηγ

IV. ENFANT

Au parc où bourdonnait l'été, tissé de mouches,
Quand midi s'étoilait de plaques de soleil,
Je laissais sur un banc passer l'heure farouche.
Une odeur d'herbe chaude entêtait mon sommeil.

Dans le sable un enfant jouait, nez noir, joues roses,
Un pigeon roucouleur s'ébattait près de lui.
L'enfant riait, l'oiseau fuyait—Comme une pause,
Le silence un instant planait, trop vite enfui.

Tout près, la laine aux doigts, un chœur de jeunes filles
Accompagnait la scène et leur chant était sourd.
Elles savaient le sang qui bat, les yeux qui brillent,
Le grondement de l'être au bélier de l'amour,

La nuit sur les sommets, l'obsession qui brise,
Puis dans le clair jardin que caresse midi,
Elles sentaient grandir au fond de leur hantise
Un enfant qui titube et rit, et resplendit.

γηγηγηγηγηγ

V. HONEY-BEE

A stubborn honey-bee grafts haunting fear of fall
And of the passing year into the summer's heart.
Don't ever heed its song or its obstinate call,
—For on swelling water dances the summer's barge—

Neither the stifled calls, nor the deceitful speech.
On the crest of time's waves destiny sways about.
Your steady look is grave, filled with surging anguish.
Voices shall reach our ears that in silent fields shout.

Honey bee, deaf witness, don't awake times that drowse.
A word about to rise hesitates on the lips.
A swarm is now haunting the dazzling, blooming grove.
Off the pageant of spring does our vain pride us wean.

The rattle from the street muzzled the humming song.
The slowly spreading night cracks like a breaking lance.
The mask covers again your brow, wicked and wrong.
The humming of the honey-bee sealed the silence.

γηγηγηγηγηγ

V. ABEILLE

Une abeille têtue ente au coeur de l'été
L'obsession de l'automne et de l'an qui s'écoule.
N'écoutez pas son chant ni l'appel entêté.
La barque de l'été danse sur une houle.

Ni les appels brisés, ni les propos trompeurs.
Sur la crête du temps un destin se balance.
Votre regard est grave où se lèvent les peurs.
Des voix nous parviendront des steppes du silence.

Abeille, sourd témoin, n'éveille pas le temps.
Un mot qui veut monter hésite au seuil des lèvres.
Un essaim vient hanter les bosquets éclatants.
C'est de tout un printemps que notre orgueil nous sèvre.

La rumeur de la rue a muselé le chant.
La nuit sous nos regards claque comme une lance.
Le masque est retombé sur votre front, méchant.
Oh, le bruit de l'abeille a scellé le silence.

γηγηγηγηγηγ

VI. CHARITY BALL

To some bumpy rhythms, hundred fat revellers
Swayed about flabby cheeks and puffed out potbellies.
And you, you were the queen. It was in your honour
That the mush speech was made and the mock litanies.

The crowns upon the heads were of gilded cardboard.
(But your fair dashing smile was genuine Orient)
The couples in the hall spun like a dervish horde.
Packed was the joy, more so was my embarrassment.

I did not meddle in the witty rhetoric.
Subtle gibe and polite remarks matched cleverly.
As a stranger I was dismissed from your frolic.
My safest ally was the street that engulfed me.

But left alone with my reliable old sprite
Who, keeping soothing sleep away, always follows,
With her chisel Folly engraved into my night
An image of your face that like hot ember glows.

ɣŋɣŋɣŋɣŋɣŋɣ

VI. BAL DE BIENFAISANCE

Aux rythmes cahotés, cent bedonnants repus
Balançaient leurs bajoues et bombaient leurs bedaines.
Vous, vous étiez la reine et c'est pour vous que fut
Le compliment guimauve et la faridondaine.

Les couronnes dardaient leurs faux ors de carton.
(Mais de pur orient était votre sourire.)
La salle composait un roulis de totons.
Compacte était la joie, et ma hantise pire.

La verve fut idoine où je n'abondais pas.
Lazzis fins et respect faisaient parfait ménage
Tant qu'étranger, chassé même de vos ébats,
La rue à m'engloutir ne fut pas la moins sage.

Mais seul, avec le sûr démon qui toujours suit,
Sans que l'eau du sommeil éteigne ma fournaise,
Le burin de folie imprima dans ma nuit
Votre front, dur et sourd, brûlant comme une braise

γηγηγηγηγηγηγη

VII. HISTORY

On the stairs to the King's house died our history.
Time drew across the path impassable borders.
You are but a shallow mirror, my memory,
Your puppets are of bliss conspicuous mourners.

At the gate of the house the sentries are watching.
Leave all your past behind, whoever wants entry!
The days that are gone by have to take off their wings.
The orders are "absence"; the law is "be sorry".

I broke open the door and I woke the pages.
In my fist the sparkling goblet was full of blood.
I wrote your name upon all those parchment pages—
But they had deemed the spell faint, in all likelihood,

For there was suddenly a violent thunderbolt.
The house staggered which had seemed for ever to thrive.
And a stone shape was left which in my arms I hold.
Even seraphs could not have called it back to life.

I went. In the place where Balkis had loved the Sage,
I picked up the conch shell and listened to the wave.
The sea therein let hear its eternal message
And its pure song, like yours, enclosed within a cave

VII. HISTOIRE

Aux marches du palais est morte notre histoire.
Le chemin s'est fermé sur les grilles du temps.
Vous n'êtes qu'un miroir sans lointain, ma mémoire.
Vos pantins du bonheur sont le deuil éclatant.

Aux portes du palais veillent les sentinelles.
Qu'il laisse tout passé, qui désire le roi.
Les jours qui ne sont plus doivent poser leurs ailes.
L'absence est la consigne et le regret la loi.

J'avais forcé la porte et réveillé les pages.
Le hanap à mon poing étincelait de sang.
J'inscrivis votre nom sur le vélin des pages—
Mais le charme à leur gré fut sans doute impuissant

Car il se fit soudain un grand coup de tonnerre.
Le palais vacilla, que je croyais sans fin
Et je n'eus dans mes bras qu'une forme de pierre
Que n'eut pu ranimer tout l'art du séraphin.

Je partis. Où Balkis a fécondé le sage,
J'ai ramassé la conque et écouté les flots.
La mer y répétait son antique message
Et son chant, comme vous pur, et comme vous, clos.

On the miry Ganges I saw, mirrored, your face.
And voices of pilgrims have told me their secrets.
A temple said "the" word, a wretch did soothsaying
And I heard that my days were like up going steps.

Now I am coming back where used to grow my grape.
A humming swarm of bees gathers the warm sunlight
Does dream's black wine atone for all these hours of wake
When you feel leaden-limbed till sleep staves off the night?

Tales and fame take for us the place of history.
So much folly shall let imaginations rove,
For you shall be the star shining on Memory
And I the sole lover who never ceased to love.

γηγηγηγηγηγ

Sur le Gange fangeux j'ai miré votre image.
Des voix de pèlerins m'ont conté leurs secrets.
Un temple a dit le mot, un hère a fait le mage,
Et j'ai su que mes jours imitent des degrés.

Maintenant, je retourne où grandissent nos treilles.
Un essaim bourdonnant recueille le soleil
Tout le vin noir du songe abolit—il les veilles
Quand les pas sont de plombs et de plomb les sommeils?

Légende, le renom nous tiendra lieu d'histoire.
De tant de déraison les récits seront pleins,
Car vous serez l'étoile au ciel de la mémoire
Et moi le seul amant qui n'ai point de déclin.

γηγηγηγηγηγηγ

VIII. THE CAGE

My fingers' work helps you to link on your stitches.
A robe of time clothed me to the hips already.
Your funeral is held each time the sun rises.
When the sun sets I doubt whether morning will be.

I thought the threads you spun were some spider's alike
Which mimic a rampart but vanish in the air.
But if my delusion from my fingers takes flight,
My dreams have forged for me a solid iron jail.

γηγηγηγηγηγ

VIII. LA CAGE

Au labeur de mes doigts vous allongez vos mailles.
Une robe de temps jusqu'aux hanches me tient.
Les fêtes du matin disent vos funérailles.
Le soleil qui descend ne connaît de demain.

Je pensais que vos fils étaient d'aragnes folles
Qui miment des remparts et s'effacent dans l'air.
Si mes illusions entre mes doigts s'envolent,
Les songes m'ont forgé une cage de fer.

γηγηγηγηγηγηγ

IX. THE TEENAGER

On the threshold of the garden of oblivion
She sang and there floated in her voice a fragrance
Of childhood. Her eyes were blended by the bright sun.
And the ebb of the night swept away her defence.

A morning passer-by, she listened to voices.
Shadow slowed down her pace as she danced like a sprite.
Her laugh, as in some undergrowth, broke in patches.
With the woman growing in her she had a fight.

On a background of woods glittering lures were dotted:
Anise, lilies on lakes that are rippled by gnats,
But here upon a heap of trunks quietly rested
The sumptuous velvet of lazy green-eyed cats.

She sang and in her song I heard all April's glee.
I was watching like some hunter, scorning to hide.
The young girl was paying in songs the tollgate fee
That must be settled on leaving the realm of Child.

γηγηγηγηγηγη

IX. L' ADOLESCENTE

Elle chantait au seuil du jardin oublieux.
Sur sa gorge flottaient les parfums de l'enfance,
Mais l'horreur d'être claire illuminait ses yeux.
Les lames de la nuit emportaient ses défenses.

Passante du matin, elle écoutait des voix.
L'ombre appesantissait sa danse de lutine.
Son rire s'ocellait comme font les sous-bois.
La femme grandissait sous sa forme argentine.

Derrière elle, le bois étoilait ses appeaux,
L'anis, les lys des eaux que les ondes annellent,
Mais sur les troncs posés recueillaient le repos
Les velours somptueux des chats, vertes prunelles.

Elle chantait. Tout mai tintait dans sa chanson.
Mois je guettais, chasseur dédaigneux du suaire,
La jeune fille en chants qui payait sa rançon
Pour de l'enfance avoir quitté le sanctuaire.

γηγηγηγηγηγηγη

X. A QUIET SUMMER MONTH

A fragrance of sun fills the deserted office.
The town and its rumbling. Bursts of laughter pealing.
Did the whole summer rise, that hell to extinguish
Which, like a barricade, my pride was erecting?

High noon grows heavier, makes heavier my brow.
And there must be somewhere a stone that's falling down.
Do not cloud my calm lake of rest with your billow.
The dream that holds me now is as strict as a tomb.

Blue skies spin on my mind like a merry-go-round.
Despots know how to bend to their will the rebel.
On my broken wishes I'll sing an orison.
In secrecy it is most glorious to prevail.

Does a mocking laughter in me upset this peace?
Don't wake up, o bugles, obsessions that were soothed!
While the blue sky covers itself with silence fleece,
I find again the night watching among roses.

γηγηγηγηγηγ

X. CALME MOIS D'ETE

Une odeur de soleil dans un bureau désert.
La ville et sa rumeur. Un rire qui cascade.
Tout l'été soulevé balaierait-il l'enfer
De mon orgueil, dressé comme une barricade?

Midi s'appesantit et rend pesant le front.
Il y a quelque part une pierre qui tombe.
Au lac de mon repos ne portez pas l'affront.
Le songe qui me tient a des rigueurs de tombe.

La ronde de l'azur tourne sur ma raison.
Le despote à sa loi sait plier les rebelles.
De mes désirs brisés je dirai l'oraison.
Plus profond le secret, plus la victoire est belle.

Un rire au fond de moi briserait-il la paix?
Ne rouvrez pas, clairons, mes obsessions closes.
Tandis que l'azur monte en silences épais,
Je retrouve la nuit qui veille au coeur des roses.

γηγηγηγηγηγη

XI. FLYING BACK HOME

The iron carcass gets erect with self-conceit.
On the lawn its jets are fanned like a peacock's tail.
Tumultuous children hound with envious heat
The tinkling, grey donkeys trotting in a long trail.

A high-breasted, bare-necked girl gives out on her way
Her perfume—her challenge—a living scent-burner.
Between the green seats runs like blood the dark alley
Carrying along dreams for all the roisterers.

A sudden drowsiness insinuates torpor,
A wall rises on which it hangs a dazzling blouse,
Shatters with muted blows the last shreds of summer,
Evokes the brown shoulders, smooth arms and lanes where
  rose

In the night, from the sands, groping along her way,
—And her gold hair glinted and her hips were so bright,
Her smile shone like a star, her brow the moon displayed—
The child who sang and then kept silent, fluid and white.

γηγηγηγηγηγη

XI. VOL DE RETOUR

La carcasse de fer s'arque comme au plaisir.
Les jets sur les gazons aux doigts du soleil paonnent.
Un tumulte d'enfants suivent de leur désir
Le tintinnabulant et gris cortège d'ânes.

Une fille, seins hauts, cou nu, jette en passant
Son parfum—son défi—brûlante cassolette.
L'ombre entre les bancs verts coule comme le sang
Pour charrier le rêve et réveiller la fête.

Un assoupissement infiltre son serpent,
Accroche aux murs surgis un éclat de corsage,
Ebranle de coups sourds l'été croulé par pans,
D'épaules brunes, de bras lisses, de passages

De nuits, où montera des sables à tâtons,
Dont brille le poil d'or et dont luisent les hanches,
D'un sourire étoilée et la lune à son front,
L'enfant qui chantait puis se tût, fluide et blanche.

γηγηγηγηγηγη

XII. SNOW

Snow. The city is white on this pale early day.
The lilt of a gay song irradiates my chamber.
Like it, your smile so pure keeps from me far away
And we shall not pick the laurels of December.

Neither the measured step nor the rumour of time
Shall open up the jail where dwells this voice of yours.
There's an unwritten tale where we lie in a shrine.
A butterfly got caught in the tight web of hours.

There floats about a scent of frost and glorious chill.
In such coldness your brow haughtily is confined.
And neither crystal, nor silver, nor dawn, nor pearl
Could compare with the gleam that enlightens a mind.

By the falling snow shall our footprints be erased.
And with a fading voice shall fade all my sorrow,
Your brow under my hand and my arm round your waist.
And like a chain of ice numbs that kiss of morrow.

γηγηγηγηγηγη

XII. NEIGE

Neige. La ville est blanche où blêmit le matin.
L'éclat d'une chanson rayonne dans la chambre.
Votre sourire pur est comme elle lointain.
Nous ne cueillerons pas les lauriers de décembre.

Ni le pas assourdi, ni la rumeur du temps
N'ouvriront le cachot où votre voix demeure.
Une légende dort où nous sommes gisants.
Le papillon s'est pris dans la toile de l'heure.

L'odeur de givre flotte et de froid radieux.
Une telle rigueur enveloppe vos cimes,
Qu'il n'est cristal, argent, perle ou aube qui mieux
Nous dise la lueur dont l'âme s'illumine.

La neige effacera la trace de nos pas.
Une voix qui s'éloigne emportera ma peine.
Ni ton front sous mes doigts, ta hanche dans mes bras.
Le baiser du matin glace comme une chaîne.

γηγηγηγηγηγ

XIII. BRUGES

The indented gables, the mist and the bridges
Are dreaming of themselves in waterways mirrored.
With whose lives do you fill, Double, these abysses?
Is legend asleep here, by history ignored?

Your image was gliding along the Lake of Love.
Autumn reminded that they were but a mirage,
Those closed palaces, those beguines, the tower above,
The mansions run aground on the sandbanks of age.

For the Virgin, asleep in her prison of gold
And the soaring belfry, apparently so strong,
Will not build mightier arches than is the chord
Struck by the swan gliding at dusk along the pond—

No matter—since waters wherein join our bodies
Celebrate our desire's prodigious wedding,
Telling us a new tale that outshines sceneries
And finishing these walls that in bricks were freezing.

If the stones we tread on are now covered with moss,
If no carriage entrance resounded with our kiss,
And if faithful waters mirror the emptiness
Of long, shineless bank ways, littered with withered leaves.

γηγηγηγηγηγηγ

XIII. BRUGES

Les pignons dentelés, les brumes et les ponts
Se mirent aux canaux. Il semble qu'ils se rêvent.
Double, de quelle vie emplis-tu ces hauts fonds?
Quelle légende dort où l'histoire se crève?

Ton image glissait par les Etangs d'Amour.
L'automne rappelait que ce n'était qu'un leurre
Que ces palais fermés, ces béguines, la tour,
Les hôtels échoués sur le temps, et qui meurent.

Car la vierge qui dort en sa geôle d'or,
Ni le clocher d'un jet exhalant sa puissance
Ne bâtissent d'arches plus fortes que l'accord
D'un cygne sur l'étang lorsque la nuit commence.

Et qu'importe, puisque les eaux joignant nos corps
Offrent à nos désirs une noce prodige,
Content un nouveau conte éclipsant le décor,
Achèvent ces palais que la matière fige,

Si le pavé qu'on foule est de mousse couvert,
Si jamais nos baisers n'ont sonné sous la porte
Et reflètent les eaux fidèles le désert
De longs quais sans éclat jonchés de feuilles mortes.

γηγηγηγηγηγη

XIV. MAY '68

The year ran its course when, like in a dreamy mood,
The fire flared up that glowed at rest, apparently.
The meek had ravished it, but the priests of falsehood
Soon made of it a flag to hide their tyranny.

Bloated speechifiers full of self-importance
Grafted upon their crops the mask of a thinker.
Words with blue sky flavour enlivened a red dance
As well as talks on love where no word was tender.

Mirth and glee and hope were rising over the town,
Where many thought they heard how chains were breaking off,
If the nightly ragmen could warm up to the dawn
And gold only could sprout out of the servile mob.

That envious turmoil had the lilt of a fair.
Frolicsome Caliban defied stern Prospero.
The reverend jackass who deemed himself a seer
Gave those naughty schoolboys the vengeful mark zero.

The victorious Helots fancied they were a choir...
But all vanished away like after some slumber.
Over the town wafted smoke of a stinking fire.
The rebels, tired out, dreamt of sand and summer.

XIV MAI 68

L'an poursuivait son cours lorsque, pareil au songe,
Le feu se releva qui guettait sous la paix.
Les doux l'avaient ravi, mais les clercs du mensonge
En firent l'étendard pour déguiser les faix.

Des discoureurs venteux enflant leur suffisance
Entèrent leur jabot d'un masque de penseur.
Des mots fleurant l'azur menaient la rouge danse
Et des propos d'amour où manquait la douceur.

La liesse et l'espoir montèrent sur la ville
Où l'on eut cru ouïr des chaînes se briser
Si l'or pouvait germer de la plèbe servile,
Les chiffonniers des nuits pour l'aube s'embraser.

Le tumulte envieux avait l'accent des fêtes.
Caliban s'ébrouant défiait Prospéro.
Le pantin vénéré qui s'estimait prophète
Tançait les écoliers de la note zéro.

Les hilotes vainqueurs se crurent Parthénées...
Et tout s'évanouit comme on sort du sommeil.
Sur la ville pua le drapeau de fumées
Les rebelles calmés rêvèrent de soleil.

But the lucid did know that Memory was dead
And but wooden stage swords had pierced the windbag gods.
A very long story was coming to an end
In which a Single man, riding, enforced the law.

A leaden coloured peace had covered the town slums,
But the gagged protest cries were rising up my tower.
I heard of horsehair sleeps and of blood tainted dawns,
An agonizing face hovered like a vulture

Around my peaks. I heard tumultuous crushing rocks,
While I was peak and rock and powerless witness.
And the streets beguiled me with their icy wind strokes
And clamours were foaming on blood gushing sources.

My peace was shattered by the din of the cymbals.
An image was shining in which I lived no more.
If my song sometimes had led me to the river,
My thirsty mouth had found nothing but barren stones.

The next winter was spent in sleep, blood and shadow.
The hurricane of life was to me strange murmur.
Death again and again did its seed grains winnow.
I invoked the Demon kept by the embalmer,

But the sound of my voice only stirred up silence.
Through the ivory gate and the royal precinct
I reached the innermost Secret, felt its presence.
Gods did no more prevail over my true instinct.

γηγηγηγηγηγ

Mais les veilleurs savaient qu'était morte Mémoire.
Des glaives d'histrions avaient crevé les dieux.
Le terme était venu d'une très longue histoire
Où le Seul, chevauchant, faisait loi en tous lieux.

La paix aux tons de plomb, s'abattit sur les bouges,
Mais des cris muselés montèrent vers ma tour.
Je connus les sommeils de crin, les aubes rouges,
La face d'agonie hantant comme un vautour

Mes cimes, le fracas des roches qui se brisent,
Et j'étais cime, roche et témoin impuissant.
Les rues me pourchassaient de caresses de bises.
Des clameurs écumaient sur les sources du sang.

Ma paix s'était brisée sous le choc des cymbales
Une image luisait que je n'habitais plus.
Si ma chanson parfois regagnait la rivière
Ma bouche à boire avide heurtait des cailloux nus.

L'hiver fut songe et sang, assombri de murailles.
L'ouragan de la vie était une rumeur
Etrangère, la mort célébrait ses semailles.
J'invoquai le Démon que garde l'embaumeur,

Mais l'écho de ma voix éveilla le silence.
Par la porte d'ivoire et le parvis du roi,
Je gagnai le Secret, j'éprouvai sa présence.
Les dieux ne veillaient plus au centre de ma loi.

γηγηγηγηγηγη

XV. AGE

The hunter sounds his horn as his dogs got my scent.
Over the town a smell of hounds and wood has spread.
My iron mask hardly hid my noble descent
And my chipped happiness is crashing down at bay.

In this browsing hall shall by me a woman pass,
Sheathed in black silk stockings, with piercing vulture eyes.
From her body a song wells up, whereas her mouth,
Gleaming unchangingly, stops any loving cries.

And the hunter chasing after me hides her face.
But the song that haunts me, I think, is known to me.
I'm due a punishment for my poor loves so chaste:
The veil of years gone by shrouds my lustful folly.

The crooning girl pauses as she is passing by.
The night swallows her smile and her face now is shut.
Are you the whipping grooms that the pack of age drive,
Buglers sounding my death which ought to be my rest?

γηγηγηγηγηγ

XV. VIEILLESSE

Le traqueur a sonné qui connaissait ma trace.
La ville a pris l'odeur des mâtins et des bois.
Sous le masque de fer j'ai mal caché ma race.
Mon bonheur ébréché croule sous les abois.

Dans la salle à brouter va passer une fille.
Le noir gaine la jambe et l'oeil est du vautour.
Le chant sourd de son corps, mais la lèvre qui brille
Inaltérablement se ferme au cri d'amour.

Le chasseur qui me suit me cèle son visage,
Mais le chant qui me hante a des accents connus.
Le châtiment m'est dû pour mes amours trop sages.
Le voile des ans morts couvre mes désirs nus.

La fille qui chantait se tait à mon passage.
La nuit prend le sourire et le visage est clos.
Etes-vous les piqueurs de la meute de l'âge,
Sonneurs de l'hallali qui serait mon repos?

γηγηγηγηγηγη

XVI. WOMEN

Women, carriers of nights, watch out in the porch-ways
And open skies gaping behind their coats of fur.
A luminous chaos one slowly strips away
Will make the cry burst forth and the reason deter.

In the abyss of flesh groan and rattles subside.
Passers-by, norias that pull up suffering
From the depths where it hides. Twin siblings of the stars,
Deep in your eyes a bush of blossoms is thriving.

You keep watch on borders of beings, and stand sentry.
You know when dawn rises and when the tide goes in.
The roving flier on your side tells his story.
Like a cloud of glory floats his oriental dream.

Underwater divers, deep beyond dream plunge in!
Thither, where cry rises—and wish and call and awe.
Glide along to the jails of lava that may sting
A word, causing to surge an isle ignored by law.

On this heavy summer keep a keen, watchful eye,
With eyes that are wide-shut and your blood-swollen breasts
That our despair at last may find a place to die:
This sacred triangle, this heavenly recess.

ɣηɣηɣηɣηɣηɣ

XVI. FEMMES

Les porteuses de nuits qui guettent sous les porches
Ouvrent un ciel béant à l'abri des toisons.
Lumières, ô chaos lentement qu'on écorche
Pour que le cri jaillisse et cessent les raisons.

En l'abîme des corps s'engloutissent les râles.
Passantes. Norias, arrachez les douleurs
Des puits ensevelis. Dioscures des étoiles,
Au fond de vos regards sont des fourrés de fleurs.

Vous veillez aux confins des êtres, sentinelles.
Vous savez quand vient l'aube et quand monte le flot.
L'errant dit à vos flancs sa hantise d'une aile.
Ses rêves d'orient flottent comme un halo.

Plongeuses, descendez où n'atteint pas le rêve,
Où se forme le cri—désir, appel, effroi.
Glissez jusqu'aux cachots des laves qu'un mot crève
Pour que jaillisse l'île où n'aborde la loi.

Menez par l'été lourd votre garde assidue,
Le sang dardant vos seins, le vide dans vos yeux,
Et que nos désespoirs connaissent leur issue—
Vos triangles sacrés où débutent les cieux.

γηγηγηγηγηγηγ

XVII. MEMORIES

I longed to rekindle the ash of memory.
The hives of time gone by are full of humming bees.
A teller unwinding the lace of history
Would but tie up my fists and spoil my sweet honeys.

Milestones were once standing at the crossroads of hours,
But straying paths now lead to the woods of folly.
Recounted memories are enthralling like lures,
Vessels sink that follow their compass thoughtlessly.

To cast away the obsessive fear of a glance
I conjured up sunsets which nevermore would flare.
But I was seized again by your stony caress,
My faithful companion, my disdainful despair.

γηγηγηγηγηγη

XVII. SOUVENIRS

J'ai voulu ranimer la cendre de mémoire.
Les ruchers du passé bourdonnent d'aiguillons.
Un conteur déroulant les lacets de l'histoire
Voudrait lier mes poings et briser mes rayons.

Des termes se dressaient aux carrefours des heures.
Les chemins égarés mènent aux bois déments.
Les souvenirs contés ont le charme des leurres.
Les vaisseaux sombreront qui suivent leurs aimants.

Pour chasser d'un regard l'obsession trop proche,
J'évoquais des couchers que je croyais éteints.
Mais de nouveau m'a pris ta caresse de roche,
Compagnon assidu, mon désespoir hautain.

γηγηγηγηγηγηγ

XVIII. COLCHIS

We left then as winter was spreading its odours.
Springs spurted forth through ice and claimed deliverance.
A town wrapped in mist, gold and frozen colours
Erected fair arches on the borders of France.

Christmas candles had cast their spell on the city.
The vaults loudly echoed obsolete devotion.
The child a god summoned was again haunting me.
I went up granite stairs and I gained admission.

There stood the beautiful, timeless, silvery fir
Flourishing its green torch above the Colchis stone.
I resumed Jason's quest that stubbornly did err.
I have sown dragons, challenging the Fearless one.

Chants were soaring beneath the stem of the Argo.
Medea besought Jason to carry her away
And to beguile him scanned with rhythmical hallo
The sway of the oarsmen and the moan of the sail.

I could rob the goblet and I climbed up the tower,
Proud of a knowledge that culminated in gloom.
Full of snow, full of night, the sombre sky did lower
Behind the church that had kept the shape of a tomb.

γηγηγηγηγηγη

XVIII. COLCHIDE

Puis ce fut un départ dans les parfums d'hiver.
La source jaillissant clamait sa délivrance.
Une ville de brumes, d'or et de gel clair
Dressait des arceaux blonds aux lisières de France.

Noël veillé de feux enchantait la cité.
Sous les voûtes sonnait l'écho des piétés mortes.
L'enfant qu'un dieu manda de nouveau m'a hanté.
J'ai gravi les degrés et j'ai heurté la porte.

Le beau sapin d'argent qui n'a pas de saison
Dressait sa torche verte aux rochers de Colchide.
J'ai repris la conquête où s'obstina Jason.
J'ai semé les dragons et bravé l'Impavide.

Les chants se soulevaient sous l'étrave d'Argo.
Médée à l'emporter invitait l'infidèle
Et pour mieux l'envoûter mimait de cris égaux
Le rythme des rameurs et la plainte de l'aile.

J'ai su ravir la coupe et j'ai gravi la tour,
Orgueilleux d'un savoir dont le terme est silence—
Et la neige et la nuit ont ourlé le contour
D'un temple qui gardait la forme d'une tombe.

γηγηγηγηγηγη

XIX. ROMANCE

In my heart's secret wood where we had gone astray
Autumn had heaped a maze of rocks and brown heather,
But the songs that had just reached our ears fled away;
As did the promises your eyes seemed to utter.

From this wood autumn took voices and those who loved;
And the song in the night that kept the boughs trembling
Which echo does keep it? Where are the silent laws
Which urge the pallid dawn to yield to grey mornings?

You wore around your neck a bright lace of sorrow.
Frost has made for our stars a winter embedding.
But your words did not clear a way for me to go
To the glade where water and hatred are hiding.

I fled along the lanes where spring was on the flow.
Periwinkle beds were waving in festive glee.
A pack of hounds tracked down a unicorn. But now,
A flash of lightning has disclosed secrets to me:

As light had wrapped the hole in the small of its back,
The child pointed at the blue sky above the roof,
But the dark brightness that came from a horsehair star
Exposed the secret he holds in his hands, aloof.

XIX. IDYLLE

Au bois secret du coeur où nous étions perdus,
L'automne avait massé les rochers, les bruyères,
Mais les chants s'envolaient aussitôt entendus
Et les promesses qui sourdaient de vos paupières.

Au bois l'automne a pris les couples et les voix;
La chanson dans la nuit qui remuait les branches,
Quel écho l'a cueillie, où se taisent les lois
Qui font aux matins gris céder les aubes blanches?

Le gel a enchâssé nos étoiles d'hiver.
A votre cou brillait la rivière des peines.
Les sentiers de vos mots ne se sont pas ouverts
Ni la clairière où l'eau guette comme la haine.

J'ai fui par les chemins où montait le printemps.
Les pervenches houlaient sous le rire des fêtes.
Une meute traquait l'unicorne éclatant.
J'ai connu mes secrets aux clartés des tempêtes.

La lumière baignait la caverne des reins.
L'enfant montrait du doigt l'azur au ciel qui pointe,
Mais l'obscure clarté de l'étoile de crins
Brisait l'enclos des mains sur son mystère jointes;

I knew my demon that I vanquished with my fist.
You told me of the wine fermenting in my vault,
But elation poured by a dream is stronger still.
The rhymes the singer chants along on his way sprout.

Scent of lilac blossoms has filled our last evening.
In the gleam of summer your face vanished away
And of you I retain, beside some hope, nothing,
Who have revealed to me my lustful chastity.

γηγηγηγηγηγ

J'ai connu mon démon et mon poing l'a vaincu.
Vous m'avez dit le vin qui germait dans mes soutes.
Mais l'ivresse est plus forte aux rêves que je bus.
Les strophes du chanteur germent au fil des routes.

Un parfum de lilas fut notre dernier soir.
La lueur de l'été a pris votre visage
Et de vous je n'ai plus qu'une clarté d'espoir,
Qui m'avez révélé mon obsession sage.

γηγηγηγηγηγ

XX. PIEDS NOIRS

The night caught up with you, dreamers of Zéralda
Who had seized the reins of the steeds of History.
Dawn rose over the town and the strains of your paean
Yielded to claims for peace that outdid memory.

A fire has streamed as would in the wind the banner.
Hope was short-lived, awakening heavy, the end bitter.
An appeal from the roofs, songs of roughneck soldiers...
Weaned off cheers, on your flight you saw your dream shattered.

All went on like before: 'Twas the same wind that bites,
The same well, the spiders weaving obituaries.
But the door stayed closed for the prowlers of the night,
While the hills were turning into ossuaries.

Far away, I listen to the vice that tightens—
Eyes are shutting, a fist is clenched.
Footsteps on cobblestones, soon relieved by silence,
Then sobs somewhere that never end.

XX. PIEDS NOIRS

La nuit vous a repris, rêveurs de Zéralda.
Vous aviez empoigné les chevaux de l'histoire.
La ville était d'aurore et votre chant céda
Aux complaintes de paix tapissant la mémoire.

L'incendie a claqué comme au vent l'étendard.
L'espoir fut bref, le réveil lourd, la fin amère.
Un appel sur les toits, un refrain de soudards...
La route sans vivats brisa votre chimère,

Et tout fut comme avant. Le vent qui bat, le puits
Qui grince, les grillons qui tissent le suaire,
Mais la porte était close aux rôdeurs de la nuit.
Les collines prenaient des formes d'ossuaires.

Loin de vous, j'écoutais se parfaire l'étau—
Un regard qui se clôt, un poing qui se referme.
Le pas bat le pavé, le silence bientôt,
Et le pleur quelque part qui n'aura plus de terme.

As you chose to withstand the clockwork of decay,
Refused to undergo but complied with dictate—
The rage of the vanquished despises the false play—
Helmeted dreamers, you yielded and yet regret

Nothing.

γηγηγηγηγηγ

Pour avoir refusé le rouage et la fin,
Pour n'avoir pas subi, mais obéi, vous n'êtes—
La rage du vaincu dédaigne l'aigrefin—
Que le rêveur casqué qui plie et ne regrette

Rien.

γηγηγηγηγηγ

XXI. NANTES

Deep, O deep in my heart the bells of the past ring.
A smell of still water and of rotten apple,
A foul stench of morning my memory haunting
Light up within my night, like diamonds sparkle.

The house, the green orchard, the hollow paths, the fields
Sunk into time's autumn, gleam on the fringe of dream.
You'll push open a door and caged warbling release,
Nantes, with your dull, grey sky pierced by a bright sunbeam.

Today the morning mist hails mists of yesteryear.
Memory's dawn—who are my true birth from the night—
Wake up, beyond the years and all the whims of fate,
That land which lies in wait hidden beneath your light!

γηγηγηγηγηγηγ

XXI. NANTES

Au fond de moi sonne la cloche du passé.
Une odeur d'eau qui dort et de pommes pourries,
Un relent de matin que rien n'a effacé
Allument dans ma nuit leurs feux de pierreries.

La maison, le verger, les sentiers creux, les champs,
Dans l'automne sombrés luisent à fleur de rêve.
Une porte qu'on pousse ouvre un réduit de chants,
Nantes, et ton ciel gris qu'un doigt de soleil crève.

Les brouillards ce matin hèlent d'anciens brouillards.
Aube du souvenir, ma naissance première,
Eveille, par-delà les ans et les hasards,
Ce pays qui attend au fond de ta lumière.

γηγηγηγηγηγ

XXII. THE GRANDPARENTS' HOUSE

The flies in the cellar will hum scents of anise
Strewn like stars in the sky will clutter up the path,
The pump that a jug hits will grate and the wasps' nest
On the roof will proclaim that the old woman passed,

That they left the house with closed shutters. There will be
No bench to bask in the sun on, no arbour more
Where green crystal grapes hang. No, just a canopy
Of black velvet adorned with bobbles like acorns

Of silver. There will be...But the clock did just ring
Endlessly, stammering its stubborn chimes of hours.
On the wooden table hands has so long lingered
That a shade, as it were, has invaded the house.

A flask of mist is still headier than is wine.
Humble house that was in the night suddenly lit,
Motionless, by a sparkling flash, and it's in vain
That the rocks of the years crumble down to crush it.

The flowery fruit dish that stands near the closed shutters,
The smell of the old books fills the case and the shades.
Outside burning autumn triumphs and fraud winters
May be passing along with summers numberless,

XXII. LA MAISON DES GRANDS-PARENTS

Les mouches du cellier bourdonneront, l'anis
Etoilant ses parfums encombrera la sente,
La pompe grincera qu'un broc heurte et les nids
De guêpes sur le toit diront l'aïeule absente,

La maison vide, aux volets clos. Il n'y aura
Ni banc ensoleillé, ni tonnelles où pendent
Le vert cristal des grains, mais sur le seuil un drap
De velours noir et des pompons comme des glandes

D'argent. Il y aura... La pendule a sonné
Sempiternellement le carillon des heures.
Sur la table de bois les mains ont tant traîné
Qu'une ombre désormais incruste la demeure.

Un flacon de brouillard grise mieux que le vin.
Maison humble dressée au flanc de la lumière
Immobile, surgie éclair, et c'est en vain
Que les rochers du temps pour l'écraser s'épierrent—

Le compotier fleuri luit près du volet clos,
L'odeur des livres vieux emplit le meuble et l'ombre.
Dehors, l'automne brûle et triomphe. Les faux
Hivers pourront passer et les étés sans nombre,

They must allow me to watch over the peach tree
Steadfastly, and the song of my childhoods to chant...
The face has arisen which I'll behold closely
Of the king who rules all and by-passed the defence.

I shall tell them the tales of the timeless gardens,
The bower of roses where you watch and sing chants,
And nobody shall know if the voice he listens
To is the child I was or the child that me haunts.

γηγηγηγηγηγ

Ils ne briseront pas la garde du pêcher
Inaltérable ni le chant de mes enfances...
Le visage qui monte où je vais me pencher
Du roi qui régit tout sut tourner les défenses.

Je conterai les dits du jardin hors du temps,
Le berceau de roses où tu veilles et chantes,
Et nul ne connaîtra si la voix qu'il entend
Est l'enfant que je fus ou celui qui me hante.

γηγηγηγηγηγ

XXIII. HAFIZ

The stanza of the chant causes the grave to wane.
The sky towards the east pales when rise the roses.
Hafiz, break the goblet and throw away the veil!
I saw the soaring flame, the metamorphosis.

In the innermost heart of mind grow the seasons.
On the wings of the rules you shall carry me home.
As I knew of the soil whereon sprout the reasons,
I shall go the way that storm and eagle have gone.

On the crenels of night the sentinel has blown
His horn, mightier still than the starry goblet.
The universe in me stretches away beyond
Him, intruder Who fills it, rival Who veils it.

A porphyry temple amidst a cypress grove
Stands with its eight pillars soaring on the hillside.
Blue sky scratches the mounts while it strokes the meadows
Hafiz sleeps among flowers like gold hid in the mine.

Death does not loom up on the sepulchre of word.
And death does not prevail over the realm of dreams.
Enamels, with triumphs for long you'll be honoured!
His truthfulness less true than your delusion seems.

XXIII. HAFEZ

La strophe du chanteur éclipse le tombeau.
Tout l'orient pâlit quand se lève la rose.
Hafez, brise la coupe et jette le manteau.
J'ai vu pousser la flamme et la métamorphose.

C'est au coeur de l'esprit que naissent les saisons.
Vous me ramènerez sur les ailes des règles.
Ayant connu le sol où germent les raisons
Je saurai le chemin de l'éclair et de l'aigle.

Le veilleur a sonné aux créneaux de la nuit.
Son cor est plus puissant que la coupe d'étoiles.
L'univers que j'enferme est au-delà de Lui,
Intrus s'Il le remplit et jaloux s'Il le voile.

Un temple de porphyre au milieu des cyprès
Dresse ses huit piliers au flanc de la colline.
L'azur griffe les monts et caresse les prés.
Hafez dort sous les fleurs comme l'or dans la mine.

La mort ne hante pas le sépulcre des mots.
La mort ne prévaut pas sur l'empire des songes.
Vous hausserez longtemps vos triomphes, émaux.
Sa vérité sera moindre que vos mensonges.

To your peace I had fled when was falling the night...
Past me slid along uncertain shapes of women,
But now the gate was locked and the sepulchre dark.
I'd forgotten the word and had mislaid the ring.

To me was left your yard, haunted by your double,
Richer still in lessons worth of full approval
Than your book I reread in the summer's orchards
When dusk rose in patches from the depths of the lawns

γηγηγηγηγηγ

J'ai couru vers ta paix quand s'abattait le soir...
Des femmes près de moi glissaient les formes vagues,
Mais la grille était close et le sépulcre noir.
J'avais omis le mot, j'avais perdu la bague,

Et ce fut ton jardin, par ton double hanté,
Plus riche de leçons qu'on approuve et épouse
Que ton livre, relu dans les vergers d'été,
Quand l'ombre monte en flaques du fond des pelouses.

γηγηγηγηγηγ

XXIV. ALCHEMY

The black furred wolf shall howl at the flight of the swan.
Weighty shades entice my witness into his night.
To the holiest my grave, to the worthiest my crown!
The lower my sun sinks, the farther my shade lies.

The dice did not yet roll from the palm of the wise.
A shameless gambler laid a wager on my days.
Instead of real fate but a dream was my life.
No bliss may last as long as love that's but fancy.

Can the upset gallows ape the holy woman?
The star that winged my steps riddles my sky with shots.
The tales of times gone by are raising up their fence.
Instant becomes endless and time bare of milestones.

The hour of the magpie has come and of the bat.
The stars have stopped and now they restart in reverse.
Saps flow back to the roots and like serpents coil up
Preparing to renew the run of bygone years.

The hour strikes when the crow's plumage sets to lighten.
The king rushes the queen and soon the work is wrought.
The gate shall yield that leads to the High Arcanum
And a glorious fate befalls the one it chose.

XXIV. ALCHIMIE

Un loup noir hurlera quand volera le cygne.
Un poids d'ombre à sa nuit attire mon témoin.
Mon sépulcre au plus saint! Ma couronne au plus digne!
Plus bas est mon soleil et plus ma forme, loin...

Les dés n'ont pas roulé de la paume des sages.
Le joueur sans vergogne a parié mes jours.
Le rêve d'un destin a été mon partage.
Il n'est plus long bonheur que les fausses amours.

Le gibet retourné peut-il singer la sainte?
L'étoile qui m'ailait crible mon ciel de plombs.
Les contes des vieux temps élèvent leur enceinte.
L'instant n'a plus de terme et le temps de jalons.

C'est l'heure de la pie et de la souris chauve.
Les astres arrêtés repartent à rebours.
Les sèves vers le pied descendent et se lovent
Pour des ans écoulés renouveler le cours.

Voici l'heure venue où le corbeau s'éclaire.
Le roi presse la reine et l'oeuvre s'accomplit.
La porte va céder qui conduit au mystère
Et rayonne soudain le destin qui l'élit.

Crowing cocks break the dawn and they cause hope to hatch.
Out of a scattered world are rising soaring times.
A god who dreamt of God watched its deliverance.
In Eden newborn Eve on latent secrets cries.

On the heathers of mind fake flowers may abound,
A scientist in vain would try to read their words.
A dreamer's reverie is a shrine far more sound
Where for ever is hid the knowledge of the world.

γηγηγηγηγηγ

Les coqs brisent l'aurore, et craque l'espérance.
D'un monde anéanti surgit l'envol du temps.
Un dieu rêvant d'un dieu connut sa délivrance.
Eve au jardin vagit sur ses secrets latents.

Aux landes de l'esprit fleurit la majolique,
Mais le savant en vain déchiffrerait ses mots.
Le songe du rêveur est plus sure relique
Où le savoir du monde est à jamais enclos.

γηγηγηγηγηγ

XXV. AXEL

To live? That's what we have servants for.
                                        AXEL

The servants, drunk, bellow in chorus hunting rhymes.
Chalices shamefully with red wines overflow.
Your face grew wan like that of the saints in the shrines,
But no flush of anger stained your undaunted brow.

Its watchfulness extends to your kin the forest
And shipwrecked destinies fill the moat of your keep.
The heart which silence seized beats in a greater depth.
Music can't be deadened by bramble or oak leaf.

Brother, dire is the road where water is lacking.
It is not the drunken brawls that stir up your nights,
But the lofty struggle, but the peace surrounding
Your roof, the bliss you spend and the pain's gleaming lights.

All over the forest a flock of swans hovers
And less than their whiteness the blood that stains their hearts
Fascinates you. For well you know that fame favours
With higher ranks wrestlers than the distracted bards.

XXV. AXEL

Vivre? Les serviteurs feront cela pour nous.
                                             AXEL

Les serviteurs grisés hurlent les choeurs des chasses.
Les vins rougissent dans les ciboires en deuil.
Ton visage est plus blanc que la sainte des châsses,
Mais nul éclair jailli ne brise ton orgueil.

La forêt sur ton nom étend sa vigilance.
Les destins engloutis protègent ton donjon.
Le coeur bat plus profond quand l'étreint le silence.
La musique est plus forte que chêne ou que jonc.

Frère, la route est dure où manque la citerne.
Les chansons des buveurs ne troublent point tes nuits,
Mais le combat hautain, le toit que la paix cerne,
Le bonheur qu'on dispense et la douleur qui luit.

Par delà les forêts viennent des vols de cygnes
Et moins que leur blancheur, le sang qui teint leur cou
Te tente, car tu sais que le renom assigne
Au lutteur plus haut rang qu'au rêveur d'un chant fou,

And when with stars the night enamels its armour
So that no sword might dive where time's heart is beating,
Your collapsed pride murmurs and it blames itself for
Fencing in your young age in conspicuous mourning.

Let Sara cover her brow with Golconda's gold!
Let her adorn her arms with jewels of the Orient!
Loftier thoughts under the testing hammers sound:
Disregard for mundane conceit and the years spent.

For you reign over words and the powers they drain.
The threshold of your keep hunger never shall touch,
Except longing to spy the arising arcane
Which Bonhomet misses, the intent border watch.

Carbuncle and jet bead slumber under your feet;
They would have on you claims to strong power bestowed.
Your triumph in the tomb you chose to celebrate:
The splendour of Knowledge and the vigour of Blood.

γηγηγηγηγηγη

Et quand d'astres la nuit incruste son armure
Pour que nul fer n'atteigne où bat le coeur du temps,
Ton orgueil effondré vers lui-même murmure
D'avoir enclos ton âge en un deuil éclatant.

Que Sara sur son front jette l'or des Golconde!
Que brillent à ses bras les émaux d'Ispahan!
Des pensers plus hautains résonnent sous les sondes
Qui sont mépris du monde, ignorance des ans.

Tu règnes sur les mots et les forces qu'ils gèrent.
Au seuil de ton donjon n'ose passer la faim,
Hors de veiller où germe et monte le mystère
Que ne voit Bonhomet, l'assidu des confins.

L'escarboucle et le jais dorment sous tes sandales
Qui t'eussent décerné le renom de puissant.
Ton triomphe s'apprête à l'abri de la dalle:
La splendeur du Savoir et la force du Sang.

γηγηγηγηγηγη

XXVI. DREAM

On the brink of slumber there are sparkling landscapes,
With steep slopes of silence over still, peaceful ponds.
In breathtaking heights fly over those quiet waves
Flocks of waterfowl that glide along in thick bands.

Sunset of memory stretches our shades no more.
Light has yielded and sounds that no echo request.
Erased the path that led to my rubble before,
Deserted my regrets and deserted my rest.

To conjure up my dreams I have gone to great length
But I failed to avert with my words, with my rhymes
The decline of my sun and the ebb of my strength—
Memory—and your rise dashing, in spite of times.

γηγηγηγηγηγη

XXVI. RÊVE

Aux abords du sommeil brillent des paysages.
Des à-pics de silence haussent des lacs de paix.
Vertigineusement planent sur leurs flots sages
Les vols de ramiers d'eau qui vont en rangs épais.

Le souvenir couché n'allonge plus notre ombre.
La lumière a cédé. Les sons n'ont plus d'échos.
Il n'est plus de chemin pour gagner mes décombres,
Absent de mes regrets, absent de mes repos.

J'évoque la clarté qui veille au coeur des songes
Mais ne puis museler par mes mots, par mes chants,
Mon soleil qui décline et ma force qui plonge—
Mémoire—et ton lever qui éclate, outre temps.

γηγηγηγηγηγη

Later Works

July – August 1990

Œuvres plus récentes

Juillet – Août 1990

I. A FRAGRANCE OF FOREST

A fragrance of shady forest and of soft light
Has obsessed me so much that I have fled the words.
Sunshine sieved by the leaves to spots of dark and bright.
And in half-closed bush muffled sounds from the world.

When there are humming flies and drops from the heavens
That fall on the coppice which darkness now pervades
(In a rumour of dance or game that it deadens
Beneath halls or slumbers where a smile never fades),

And when the sleepiness of the great summer pours
On you its merciless, ever murmuring flow
(But was it an echo, that lonely voice that soars
To reach you in this place where ceases any law?),

I. UN PARFUM DE BOIS OBSCURS

Un parfum de bois obscurs et de lumière
M'a tant hanté que j'ai déserté les mots.
Soleil morcelé au tamis des ramières.
Assourdissement sous les fourrés mi-clos.

Quand bourdonnent les mouches et quand des gouttes
De ciel tombent dans les taillis annuités
(Une rumeur—rondes ou jeux—sous des voûtes
Ou des sommeils par un sourire entêtés),

Quand la torpeur du grand été t'ensevelit
Sous la houle impitoyable des voix
(Mais fut-elle un écho cette voix qui seule
Retentit où ne t'atteignent plus les lois?)

When underneath the hills and bowers of branches
The river shifts along sparkling tangles of time
Where, wobbling on the wave, a white carcass passes:
A dead ox surrounded by gadflies and by slime,

(A mere glance may a song in you suddenly raise
And carry you so far away that all your paths
Henceforth will weave your dreams together to a maze,
And that the offshoot-less blades of grass will be parched)

And when under the blind of your eyelids sunset
Flickers that's brighter still than is their dashing noon,
Your hours glitter as do gemstones in a casket,
On the inviolate mountain where has grown

The hideous tower among scrub and heather.
(As to me, I never deserted the rose yard
For I've seen white skirts come to me and all over
The entangled pathways, suddenly, they have spread).

When on your terrified happiness arises
The spectre who invites himself at every meal,
And when the carol ends which your wish gratified
With the concluding strains that you cannot repeal,

You won't ever have left the bower of branches,
When dances turn around on the summer meadow
And when the far remnant of a Sunday crushes
Its stubborn memory shall never yield nor go.

γηγηγηγηγηγ

Quand au-dessous des collines et des branches
Le fleuve pousse un miroitement d'instants
Où passe balançant sa carcasse blanche
Un boeuf crevé sous une escorte de taons

(Pour un regard il est un chant qui se lève
Et t'entraîne si loin que tes chemins
Seront désormais labyrinthes du rêve,
Que séchera l'herbe où ne germent de mains)

Quand brasille sous l'abri de tes paupières
Un soleil plus éclatant que leurs midis,
Tes heures miroitent, ainsi que des pierres,
Sur la colline inviolée où grandit

La tour parmi les garrigues et les brandes.
(Je n'ai pas quitté le jardin d'églantiers
Car j'ai vu venir à moi et se répandre
Des jupes blanches au lacis des sentiers).

Quand montera sur ton bonheur qui s'affole
Le spectre qui s'invite à chaque repas,
Qu'outre désir s'achèvera la carole
Sur un refrain que tu n'éluderas pas,

Tu n'auras jamais quitté l'abri des branches,
Quand tournent les rondes sur le pré d'été
Et s'installe sur les ruines d'un dimanche
Inaccessible un souvenir entêté.

ɣɳɣɳɣɳɣɳɣɳɣɳ

II. CEASING MUSIC

On those vague boundaries where ceases song and strain
A voice shall to your ear repeat the word, the chord.
The night will be falling whose quietness would be vain,
Were it not disturbed by stag and hunting horde.

On those vague boundaries where any word has ceased
There'll be no thoroughfares but flight and rising chant,
Of his weight of folly the rover won't be eased
Unless he's turned himself to road, call, urge and land.

On those vague boundaries where ceases all quickness
(It's happiness that beats under theatre fraud
When in the mock garden the moan of the Countess
Drenches the cotton mask with her genuine blood)

—For one song whose spell I could never have broken,
For one word whose meaning no ear would understand,
The city of Paris, Parma I'd have given,
For one happiness that would be free of treason—

There's a jewel in your hoard that enjoys concealment
(By means of the portrait, the flute, the olive branch,
The Prince and Pamina rise to enlightenment,
—They were, so states the choir, born from word and from chant—

II. DERNIERS ACCORDS

A ces confins où se tait la cantilène
Une voix te dira le mot et l'accord.
La nuit tombera, mais sa paix serait vaine
S'il n'y retentissait le brame et le cor.

A ces confins où toute parole cesse
Les seuls sentiers seront le vol et le chant,
Mais le marcheur ne connaîtra la sagesse
S'il ne devient route, appel, désir et champ.

A ces confins où s'abolit la vitesse
(Le bonheur bat sous la toile et le carton
Quand au jardin la plainte de la Comtesse
De sang vrai remplit le masque de coton)

—Pour un seul chant dont je ne brise le charme,
Pour un seul mot qui n'aurait sens ni pays,
J'aurais donné Paris la grand' ville et Parme,
Pour un seul bonheur qui n'ait jamais trahi—

Car le joyau repose au fond de ta mine
(Par le portrait, par la flûte, le rameau,
Vers leur clarté montent le Prince et Pamine
Qu'un chœur proclame issus du chant et du mot—

To a louder wood and a deeper grotto
Which are the dwellings of magus, monster and fear,
Where a child reigns amidst helpful, sounding tempo)
The diamond you are in splendour shall appear.

On those vague boundaries where begins deep silence,
Below the drowsy wood faint light is still aglow;
And spear-pierced flights, buzzing, humming in the distance
Are heard through the slumbers that are benumbing you

And all you hear even beyond that dream of yours
Whose flow never runs dry, neither by night nor day,
Is the march that goes on without jolt, without pause,
And is the heart of time which beats, deep and steady.

γηγηγηγηγηγ

Forêt plus sonore et grotte plus profonde
Que peuplent le mage, le monstre, la peur,
Où règnent l'enfant que le rythme seconde)
Et diamant tu connaîtras ta splendeur.

A ces confins où débute le silence
Les lueurs dorment aux sous-bois assoupis,
Des bourdonnements, des vols troués de lances
Bruissent sur les sommeils en toi tapis

Et tu n'entends au delà même du rêve
Dont le cour n'a jamais tari sous le jour
Que la marche qui ne connaît heurt ni trêve,
Que le coeur du temps qui cogne, sûr et sourd.

γηγηγηγηγηγ

III. ORPHEUS

The maenad was refused to return here again.
On Erebus river, no punt, no ferryman.
Some hovering striges speckle the gloomy plain.
On his staff Orpheus leans but is waiting in vain.

You, nevertheless, shall of his pilgrimage hear,
Waking in your bedroom as a morning gleam breaks,
A tale on which the blurring clouds has set to clear
With a feverish rush toward bottomless depths

Where the hoard and the songs of your legends slumber:
Leviathans in skirts which fluffy tufts adorn,
The girl you caught sight of roaming on the heather,
The oleander shrub which the bridge pile had borne.

(There is a song able dead Helen to revive
And you might find in that fair spinning song of old,
If vain rumour did not upset the name it hides
In its innermost heart, the unravelled code).

Go away from my night! Bury yourself in counts!
Watch! Beware of falling in the traps of folly!
Easy glance compasses fields where rubble abounds
Madness hardly fits in with domesticity!

III. ORPHEE

La ménade n'a pas refait le voyage.
Au fleuve Erèbe, ni passeur, ni ponton.
La strige plane ocellant la paysage.
Orphée attend appuyé sur son bâton.

Toi, tu connaîtras de son pèlerinage
Quand au réveil la chambre est une lueur
Un conte dont se dissipe le nuage,
Une fuite de fièvres aux profondeurs

Où dorment l'or et les voix de tes légendes:
Léviathans enjuponnés de pompons,
La fille entrevue à la croisée des landes,
Le bosquet de lauriers roses sous le pont,

(S'il est un chant pour ressusciter Hélène,
Rouet avant, si la rumeur ne hantait
Le nom celé au coeur de la cantilène,
Reconnaissez le chiffre désenchanté)

Outre ma nuit, enfoui parmi les nombres,
Veille et ne prend le piège de déraison
Car le regard luit sur le champ des décombres
Et la folie est hostile à la maison.

It's in the night that your mysteries take refuge.
Psyche guesses the clue when Charon feigns to sigh.
The coenobite's skill is at writing games huge,
Whereas speeches refill the brooks that had run dry.

And Cupid, in the woods where rose thrives with myrtle,
Patiently lies in wait of the dismissed dreamers
Who shall, on waking, find that they were changed for real
Into deaf jumping jacks, poor victims of swindlers.

γηγηγηγηγη

C'est dans la nuit que vos mystères s'abritent.
Psyché devine le mot quand Charon rit.
Au jeu d'écrit triomphe le cénobite.
Le discours renouvelle le nan tari

Et les amours au bois de myrtes, de roses,
Guettent longtemps les dormeurs désavoués
Dont les réveils prouvent les métamorphoses
En pantins sourds, lourds d'avoir été floués.

γηγηγηγηγηγ

IV. THE OLD MAID

The golden maiden sings on the banks of May tide
And May answers. Lovely, blossoming month of May,
Don't you feel the dark sun that within me abides,
This bird of ill omen who keeps hooting, always?

And while she is dreaming, the wild maid hums some strains
In the low pitch wherein they stubbornly linger.
August will close on her its demure gate of chains.
Once closed, the park shall shut away the cupbearer.

Brown maiden in your shop, tenebrous and dismal.
A wasp circles around where the scent of bread floats.
O please, cheer for my songs: they fit a funeral,
And for the minstrel dressed in wooden overcoat.

γηγηγηγηγηγ

IV. LA VIEILLE FILLE

La fille d'or aux berges du printemps chante
Et mai répond. Joli moi de mai fleuri,
Ne connais-tu le noir soleil qui me hante,
L'oiseau mauvais dont ne se taira le cri?

Presque à mi-voix rêve la fille sauvage
Dans la pénombre où s'obstine la chanson.
Août comme un fer posera la grille sage.
Le parc fermé refermera l'échanson.

La fille brune en sa boutique. Ténèbres.
La guêpe tourne où flotte l'odeur du pain.
Applaudissez mes cantilènes funèbres,
Le baladin en costume de sapin.

γηγηγηγηγηγηγηγ

V. THE MORAY

Under the old fort's walls flashes past the moray.
Its fair body is tanned by the salt and the sun.
Did sun light upset you where reaches no more ray
Or some fit of fever prompt you to this rash run?

Buccaneers once looted there where dwelt the moray.
One might the craggy cliffs climb up to their fortress.
But to sap walls of hate who would go on foray,
With a kiss force open this white enamelled mass?

Oblivion now covers the realm of the moray
And mere silt ebbs and flows watched by rusty bombards.
A skull on a pale in no mood for amore
Challenges my banners, my flags and my standards.

γηγηγηγηγηγη

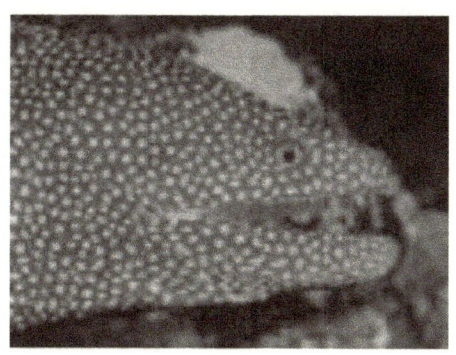

V. LA MURENE

Sous les remparts—éclair—cingle la murène,
Beau corps bruni par le sel et le soleil.
Est-ce au soleil faute si je te mus reine
Ou d'un appel à quelque fièvre pareil.

Le boucanier pillait où fut la murène
De ses fortins escalader les redans.
Mais quel piton pour jeter bas ce mur haine,
Planter la langue au blanc massif de ces dents?

A pris l'oubli la cité de la murène.
La vase bat sous la garde des canons.
Au pic brandi tournoie un chef, hure haine,
Pour remplacer mes bannières et pennons.

γηγηγηγηγηγη

VI. HAFIZ'S SHRINE

Amidst sands and palm trees, far away it glitters.
Varnished roof and blue dome loom on the horizon.
And from it rise these long, quiet and doleful prayers
That are rumours wiser than wisdom and reason.

In the garden, under the rose bush sleeps the poet,
Under the engraved verse, beneath a white shelter.
His last, everlasting conquest was the desert,
The sand, the string of beads on his trembling fingers

Which stroked too many flanks and far too many dreams
And slowly have become similar to potions
Pouring elation, brief like short-lived coastal streams,
As well as enduring and real seduction.

γηγηγηγηγηγη

Hafiz' Shrine in Shiraz (Iran)

VI. LA TOMBE DE HAFEZ

Par les sables et les palmiers, elle brille
Toit verni, bulbe bleu, coupant l'horizon,
Et par cette longue complainte tranquille
Qui est rumeur plus sage que la raison.

Sous les roses au jardin dort le poète,
Sous le verset de marbre et le dôme blanc.
Le désert est sa dernière conquête,
Le sable le chapelet au doigt tremblant

D'avoir caressé trop de flancs, trop de rêves,
D'être devenu presque pareil au vin
Qui se dissipe comme un wadi des grèves
Et dont le charme qu'il répand n'est pas vain.

γηγηγηγηγηγη

VII. COACH JOURNEY

The road is dust and each horizon announces
Another horizon. Towers and fields and mews.
Here a white cow and there, look, a hoary peasant
Who sells water melons on the road side. And you

Find this very last sight immensely picturesque
And you must needs of it now take a photograph
As a souvenir. But the coach driver won't rest,
Hurries towards another township where you can

See women in saris, yes, and to certainty.
The coach, however, so drearily drives on
That you finally miss these children who carry
On their backs cans to fill at the pump in a swarm.

γηγηγηγηγηγ

VII. AUTOCAR

La route est poussière et l'horizon devance
L'horizon suivant. Des tours, des champs, des toits.
Une vache blanche. Un vieux chenu qui vend
Ses pastèques au bord de la route. Toi

Tu penses que c'est vraiment très pittoresque
Et que tu dois prendre une photo pour avoir
Un souvenir. Mais tu passes et presque
Aussitôt c'est un village où tu pourras

Voir des femmes en saris, chose certaine,
Mais le car poursuit si monotonement
Que tu ignores qui vont à la fontaine
Des enfants, bidons au dos, en régiment.

γηγηγηγηγηγ

VIII. JAPANESE GARDEN

Dry garden. Stone and thought. And sky and quietness.
Beyond the wall a tree that twists its gnarly trunk.
In me there's no beyond. And all thinks and all weighs.
A point where certainty may reconcile with luck,

Where colour vanishes and fades into absence
Where speech unites with void which abolishes it.
I am aware of naught but a benzoin scent.
Down to the depths of dream just a murmur that drifts.

Further away from me than the stars is that line
Over which there is no ferry to carry me.
I shall be able to invent a space of mine
Or never get over this stone boundary.

γηγηγηγηγηγ

Mineral garden in Kyoto

VIII. JARDIN MINERAL

Jardin sec. Pierre et pensée. Ciel et silence.
Un arbre tord son tronc au delà du mur.
En toi nul au delà. Tout pèse et tout pense.
Un point pour concilier le sort et le sûr

Où la couleur s'évanouit en absence,
Où la sentence au néant s'unit et meurt.
Seul un parfum de benjoin que tu recenses.
Seule aux profondeurs du songe une rumeur.

Plus loin que l'astre cette ligne qui passe.
Pour aller outre il n'y a plus de nocher.
Tu devras te réinventer ton espace
Si tu veux franchir le rocher.

ηγηγηγηγηγ

IX. ULYSSES IN MONTPARNASSE

Suffocating and cruel cities! Mazes of streets.
Hanging on the passers-by's hairs: dark beads of sweat.
And the exhausted glance of prostitutes who peep,
Bewitching, out of their dens of corridors. Step

After step, wire after wire, void—O, emptiness
Of drives lined up along banished walls whose chasm
Is covered up with flat and tarry surfaces
To entrap a wing-less pedestrianism,

Up to concrete structures propping up mirror cliffs
Lashed by an ocean of glittering chromes and hits
(Some songs spout from the wombs of glowing furnaces,
Donkeys, not their drivers are masters of their bits)

Of intoxicated birds crushing on lure walls
(Just a penny or two for the music!) And steep
Entrances gaping on terrifying tunnels.
Moans of red dogs crouching within their sound sleep.

The old man who slumbers by the gate of Graveyard
Montparnasse. Candle in erection. The hook
On which to hang your proud indifference, Gérard!
Ulysses, many rips on the crimson sea! Look!

γηγηγηγηγηγ

IX. ULYSSE A MONTPARNASSE

Cités cruelles et suffocantes. Rues.
Les sueurs, perles noires, aux crins des passantes
Et les regards si lassés des grues
Dans leurs grottes de couloirs. Circéens. Pas

Après pas, fil après fil, vides—ô vide
Des avenues près de grands murs exilés—
Toiles suspendant sur les goudrons sans ride
Vos pièges pour les promeneurs désailés

Jusqu'aux bétons dressant leurs miroirs, falaises
Où vient battre la mer des chromes. Des coups
(Les chansons crachent leurs entrailles de braises
Mais les âniers ne sont maîtres des licous)

D'oiseaux grisés brisés contre les murs leurres
(Un franc ou deux— pour la musique) Couloirs
Ouvrant vos gueules de terreurs. Plaintes. Pleurent
Les chiens rouges tapis aux sommeils des loirs.

Le vieux qui dort aux portes du cimetière
Montparnasse. Le cierge priape. Le croc.
Qu'y Gérard pende une indifférence altière.
Ulysse, sur la mer mauve, tant d'accrocs!

γηγηγηγηγηγη

X. THE UNICORN

To tame the unicorn—an endless pilgrimage
Through mirrors and echoes. Which threshold must be
 passed
To reach her inmost core and not her mere image?
Which groom may bridle her so as to spare her pride?

Vacuous town. Evasive glances. A teeming mass
Wherein she is alone, more still than midst the wood.
She's waiting for a hand that would have been devised
To stop the swift passage of time, that of the steward,

(And at the impure hand she kicks which of vessels
That no history filled longed to make a cauldron
Where time and putrescence and being sprout and stiffened
The dance that on her flanks quivered—her vocation)

The wizard who alone knows of the beverage.
He wanders through the town. His frantic demeanour
Gives rise to laughter, makes away from the savage
Every woman flee. He goes on however.

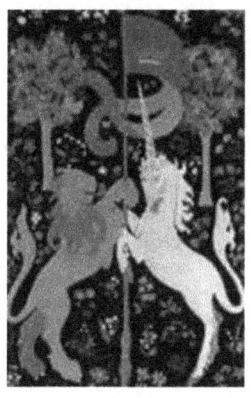

X. LA LICORNE

Licorne—inaccessible—pèlerinage
Vers les glaces et les échos. Par quel seuil
Gagner le coeur, non le reflet? De quel page
Accepter bride qui ne brise l'orgueil?

Cité vide. Les regards qui glissent. Foule
Et seule plus qu'au coeur de la forêt. Son
Attente est de la main qui soit conçue d'où
Le temps ne coulerait plus, de l'échanson

(Ruant contre toute impure qui du vase
Que n'habiterait l'histoire fit le chaudron
Où germeront heures, pus, être, et écrase
La danse en ses flancs jaillissante—son don)

Miraculeux qui seul connaît le breuvage.
Il va par la cité. Ses façons de fou
Allument les rires et font du sauvage
Les femmes s'écarter. Il va toujours. Sous

Under his feet, hostile pavement and ruts furrowed
By glowing hooves. Gates that shut as the night comes down.
He's left alone, rich with the sages' poor knowledge—
Look at the unicorn: she's mating with some hounds!

γηγηγηγηγηγ

Ses pieds le pavé hostile et les passages
De fers rougis. Portes closes. La nuit vient.
Il est seul, pauvre du savoir des sages—
Et la licorne s'accouple avec les chiens.

γηγηγηγηγηγ

XI. CITY

(And yet, when did you hear of a town lying,
More tenacious than winged, amidst forest and hill,
That was, for a whole day, net and awakening,
Raising high its steeple like a voice, loud and shrill?)

γηγηγηγηγηγ

Viroflay, rue Corneille

XI. CITE

(Et toutefois fut—il cité plus tenace
Qu'ailée, au creux des collines et des bois,
Celle qui fut pour un jour éveil et nasse,
Dardant sa flèche ainsi qu'un cri—une voix?)

γηγηγηγηγηγ

XII. OBSTETRICS

Echo of a kiss blown by leaving May was I
When summer was dawning, causing blood to rumour.
And echo of the frightful thunder which, that night,
Brandished relentlessly, stubbornly its hammer.

A stream flowed from further away than these entrails
Where I crawled, both a worm and a universe, till
I found that a fire burnt behind the screen of walls.
I was a dream between two abysses and still

Had only one desire: a steel to break the plate
Of my armour (There were whirling comets, assaults
Surrounding my shelter, aimed to annihilate
My bloodless self that would a cradle never know.)

And I felt the summer which they called a furnace,
Hard-scaled Leviathan, perceived the soothing air
Sung to lull hammering fists—a pleasure, a mildness:
For I could float or sink to the bottom and hear,

Reeling, a new promise that to me now was made:
—Outside of the dungeon begins the enchantment
Of the foot you can stamp, of the ground you can tread.
Once annihilated, I was now renascent!

XII. OBSTETRIQUE

Je fus l'écho d'un baiser du mai qui passe
Quand l'été pointait dans la rumeur du sang.
Je fus l'écho. Tonnant, terreur jamais lasse,
La nuit heurtait—martèlement incessant

Et flux coulant de plus loin que ces entrailles
Où j'étais ver, univers—puis je connus
Qu'un feu brûlait hors de l'écran des murailles
Je devins rêve entre deux gouffres et n'eus

Désir qu'éclat d'un acier crevant ma guangue
(Oh ce tournoiement de comètes, l'assaut
Par les remous vers l'abri pour en l'exsangue
M'anéantir, connaître un premier berceau)

Et devinais l'été qu'ils nommaient fournaise
Le dragon aux écailles dures, le chant
Pour oublier le poing tapant—douceur—l'aise:
Flotter bercé, couler jusqu'au fond et chancelant

Apprendre une nouvelle promesse
—Hors le cachot débute l'enchantement
Du pied fermé, du sol qui frappe et qu'on presse,
Anéanti dans un recommencement—

But now a jet has hissed and bored a whirlwind
And cupped it to a conch which deftly trapped the sound.
I was no more a cave, closed and swarming within,
But a chasm gaping for a vaster lesson.

(All began and ended with a shock: it was fear
That had born star and whirl which appeared suddenly
In the void and which dug their way there to make clear
In the space a furrow for the divinities

To rise from—They are called the White Norns and Kali,
Demogorgon, Pan and stood in tender embrace
Under the light that spilt from the Horn of plenty,
Forgetful of the fate that will them all efface.)

Then, whiteness set to dawn through the closed eyelid,
—I wondered if I was pearl-like, irradiating—
And a sweet chime tinkled that, as I imagined,
Used to merge blood and sound like, in a chain, the link.

Did I pass the threshold, at last, of that Autumn
Buried in depths to which remembrance can't extend,
In the caves from which rise songs in a monotone,
Casting on me a spell that never was to end?

When icy winds started to blow and once the tents
(From the outset the word mingling with that cry—me—
The only or last one which watchfully invents
Entanglements that are destined some day to be

Alors siffla le jet qui creuse et qui vrille
Son tourbillon, conque savante du son
Je n'étais plus grotte qui borne et fourmille,
Mais gouffre ouvert à la plus vaste leçon,

(Un choc fut le début et le déclin, une
Epouvante fit l'astre et le tourbillon
Surgis du vide et recreusant du vide, unité
Ouvrant dans l'espace le sillon

D'où montèrent les divinités—les Nornes
Blanches, Kali, Démogorgon, Pan, amants
Enlacés sous la lumière de la Corne,
Tous dérivant vers l'anéantissement)...

Puis la blancheur fut l'aube de la paupière.
Etais-je perle, illuminé de rayons?
Douceur tintait que je croyais coutumière
Du sang, du son, mêlés comme des maillons.

Ai-je franchi les portes de cet automne
Enseveli plus loin que les souvenirs,
Aux grottes d'où sourdent les chants monotones,
Enchantement qui ne devait pas finir?

Quand soufflèrent les vents glacés, quand la tente
(Au début le mot à ce cri mêlé—moi—
Le seul ou le dernier, qui veille et invente
L'inextricable qui deviendra la loi

Insuperable law) stretched by the North wind
Had taught me chapping snow and paralysing cold,
I knew that as soon as I'd strip my flesh coating
The quietness would cease of which I had kept hold.

I was thrown, phlegm of cries mixed up with sedition
In a winter when raged the German false prophet
And when the fields were sown in such curious fashion
That among almond trees grew both scythes and fakes.

γηγηγηγηγηγ

Dont le cercle prévaudra) que tend la bise
M'enseigna la neige coupante, le froid
Figeant la peau, je sus qu'outre la chair grise
S'achèverait cette paix dont j'étais roi.

Je fus jeté, glaire de cris, de rebellions
Par un hiver où tonnait le faux
Prophète et quand les semailles étaient telles
Que parmi les amandiers poussaient les faux.

γηγηγηγηγηγ

XIII. MONTE-CRISTO

Never did the captive the hiding place forego
Nor did he miss to meet his accomplice nightly.
They played the secret game flecked with vertigo
With which, on awakening, you shore up your story.

Never did the captive give up his rocky den
Restlessly lashed by the elusive sea. He will
Make the most of the night, winnowing his life and
He shall find the treasure. Wisdom shall fill the bill.

Will from under your rock, O moonlight fisherman,
By your endeavours be salvaged the key, the crown?
Wine intoxicates you less than the old ocean
Where you dive, a winged fish alike, naked, alone.

(A scholar asserts that no one was ever born
But that the deeper part of us forever swims
In the sticky chaos we never abandon
Which is the womb where love thrives from the beginning.)

In the sombre brightness of night the glowing rose
Is akin both to coal and to the sparkling jewels.
For the miner who knows the vein has guessed the cause
And shall be able to enter the royal halls

XIII MONTE-CRISTO

Le prisonnier jamais n'a quitté la cache
Où chaque nuit le complice le rejoint.
Secret, leur jeu de vertiges et de taches
Dont tu bâtis ta fable quand l'éveil point.

Le prisonnier jamais n'a quitté son antre
Où bat la mer insaisissable. Le prisonnier
La nuit veut jetant sa vie au van
Trouver cet or dont la sagesse est le prix.

Sous ton rocher, pêcheur qui de lune coule,
Ramèneras-tu la couronne et la clef?
Le vieil océan plus que le vin te saoule
Où tu plonges seul et nu, poisson ailé.

(Un savant prétendit que nul ne naît, mais
Que la part profonde de l'être toujours
Baigne dans ce chaos gluant et jamais
Déserté—ventre primitif de l'amour)

Dans l'éclat opaque de la nuit, la rose
Qui brûle est soeur du charbon et des joyaux.
Le mineur connaît le filon et la cause.
Il arborera les portiques royaux.

He'll tread anew the path bordered with wild roses,
See the smile of the girl once spied in the forest,
With the wan complexion of her childish poses
And hear again her voice—he will never forget.

And he will understand that he fled time and hours
When rose on him the call of an imperious glance,
He was then but a passer-by, strayed from his house,
Who had crossed on his way eternity, perchance.

γηγηγηγηγηγ

Il reverra le sentier de l'églantine,
Le sourire de la jeune fille au bois,
La blancheur de sa poitrine enfantine,
Retrouvera—jamais oubliée—sa voix.

Il comprendra qu'il avait déserté l'heure
Quand se leva sur lui l'appel d'un regard,
Et n'était alors qu'un passant, sans demeure,
Qui croise l'éternité—par pur hasard.

γηγηγηγηγηγ

XIV. NUMBERS AND LETTERS

From the glowing ashes the Crow will rise again
When on the ocean the Word's sail may be seen.
To wake Cassandra's skill and art, sleeping in vain,
Dive into the slumbers, be the ruby, the Green

Rampant Lion who roars in triumph and has left
His fear of being turned back into wraith and chaos.
For this lost song prevails within the inmost depth
Where the sleeper passes the sill of the naos,

(He shall know the omnipotence of the number,
The square, the compasses, and the sharp diamond
That cannot keep outset and decay asunder
Since they are older still than times and lands beyond—

Song of the old country without crenel or tower
Lost—alas, woe is me—lost on this borderland
Wither to carry us our wings have no power,
Where words are uttered forth that we don't understand,

And you, stiff and frozen figures with your clockworks
That no dream ever has shifted, or stained with rust,
No entreaty has moved, no caress and no wrath
Which by your bolted chains of reasoning were crushed.)

XIV. CHIFFRES ET LETTRES

Le corbeau ressuscitera de la cendre
Lorsque le mot aura regagné la mer.
Pour éveiller la science de Cassandre
Plonge aux sommeils, devient le rubis, le Vert

Lion debout et triomphant qui domine
Sa terreur de retourner larve et chaos,
Car ce chant perdu règne au fond de la mine
Où le dormeur passe le seuil du naos,

(Il connaîtra l'omnipuissance du nombre,
L'équerre, le cercle, le diamant sûr
Qui ne savent origine ni décombre,
Plus âgés que les siècles et l'azur—

Chant du vieux pays sans gardes ni tourelles,
Perdu—germe ma cantilena—perdu
Sur ces confins où s'abolissent nos ailes,
Où se lèvent des mots jamais entendus—

Et vous, stricts et glacés, chiffres aux rouages
Inflexibles, que nul rêve n'a rouillés,
Nul appel touchés, ni caresses, ni rages
Se fracassant sur vos ergo verrouillés)

Where the main spreads around, freezing asphalt, lavas,
But undersea a call without respite beats
Obsessively, and the lookout who thinks he was
The first to perceive it ignores that there may be

Only one eternal Lookout who is dreamer
Of all dreams, of all loves—of all nightmares also—
And who yields whenever looms the other wrestler
Bereft by his weight of his wings of long ago.

γηγηγηγηγηγ

Où la mer s'étend figeant bitumes, laves,
Mais sous la mer bat un appel sans répit
Obsédant, et le veilleur qui pense l'avoir
Le premier surpris ignore qu'il n'y

A qu'un veilleur éternel et qui rêve
Tous les rêves, toutes les amours, tous les
Cauchemars—et qui disparaît quand se lève
Le lutteur par sa pesanteur désailé.

γηγηγηγηγηγ

XV. BACK TO ORIGINS

On the edge of summer's abode where sounds will be
Deadened by the branches, as is exiled daylight
Sieved to pink glittering spread on the canopy,
And the dashing fragrance of moss compelled to hide,

(Solemn is the music that suddenly rises
To shroud the intruder in its obscurity—
Wedding night is the night where you sink, a caress
Soft as the slow weighing down of two bare bodies)

A rhythm seizes you. From far it advances:
This haunting lullaby has rocked you for nine months.
And a flight of patient humble-bees balances
A tireless swarm of flies. Deep in your slumber sounds,

Stubbornly, a sentence which is always the same:
"You shall return. You shall return. You shall return."
Heard with an ear that from listening can't refrain,
Endless heart-beats within the night which has them born.

γηγηγηγηγηγη

XV RETOUR AUX ORIGINES

Quand tu franchis le seuil où l'été repose
Dans l'assourdissement des branches, du jour
Exilé, criblant la voûte de jets roses,
L'éclat tapi des mousses dont l'odeur sourd

(Solennelles, les musiques qui se dressent
Ensevelissent de ténèbres l'intrus—
Noce, la nuit où tu t'enfonces, caresses,
Et l'appesantissement de deux corps nus)

Un rythme te prend. De loin venu. La lancinante
Chanson qui neuf mois t'a bercé.
Sous un vol de bourdons égaux que balance
Un tourbillon de mouches jamais lassé,

Le dicton têtu que le sommeil recouvre:
"Tu reviendras. Tu reviendras. Tu reviendras."
Heurt sans fin contre une oreille qui s'ouvre
D'un coeur battant dans la nuit qui les contient.

γηγηγηγηγηγη

XVI. EVENING SKY

The sun fans its tail from behind the stormy clouds.
Crude purple clashes with cornsilk and almond green.
A flower—or, rather a dance of Bacchic crowds—
That opens out and spreads wide its calyx of beams.

Song-cliffs that tenderly soft mother-of-pearl ooze
Tumble straight down upon convulsed charcoal drawings.
Engulfing and jostling each other acrid hues
Of lemon, with light blue beads of grapes combining.

Peace. Neither the flowers shooting out of their bonds
Nor the painful drawing in which tumult grows tame
Shall prevail over speech rising from over-tongues.
Be silent and behold the cruel beauty that came.

Break loose from your moorings! Dismiss the stern sages!
Let glances burst as far as the horizon line,
As far as that isle out of reach for languages.
I shall be aware of silence and flying time.

γηγηγηγηγηγ

XVI. COUCHANT

Le soleil roue au carrefour des tornades.
Le violet cru heurte la paille et le vert.
Fleur—ou plutôt rouge danse de ménades
Epanouie en quelque calice ouvert.

Falaises chant où des tendresses de nacre
Croulent à pic près de convulsés fusains.
Engloutissement quand se bousculent d'âcres
Citrons et les perles des raisins.

Paix. Ni l'essor de la fleur hors de la gangue,
Ni le dessin qui le tumulte régit
Ne prévaudront sur le discours d'outre langue.
Silence. Une cruelle beauté surgit.

Rompez amarres, dispersez les trop sages.
Que les regards explosent aux horizons
Jusqu'à l'île que n'atteignent les langages.
J'aurai connu le silence et les saisons.

γηγηγηγηγηγη

XVII. PEEPING TOM

The forest which every rumour has deserted,
The glance which becomes saturated with vision.
The house left empty with all its windows open.
Bodies of lovers after assuaged passion.

The towns where marching boots on cobblestones resound.
The wan desert under the pallid moon that shines.
The dark canal haunted by the carousers' song.
The moan in the hotel, behind the wall, at night.

The square at high noon when hot August scintillates.
The bell that starts to ring when you are fast asleep.
The piece of broken glass shimmering on the road side.
The suburbs that dusty ugliness always keep.

The pain that stealthily roams about and that gnaws
Taking up position, planting its stubborn sting—
Peeping Tom, all that has been for you but a show,
And closed doors at which you have been so long knocking.

γηγηγηγηγηγη

XVII. LE VOYEUR

La forêt quand toute rumeur la déserte.
Le regard quand l'emplissent les visions.
La maison vide et ses fenêtres ouvertes.
Des corps d'amants quand s'éteint la passion.

La ville lorsque retentissent les bottes.
Le désert blafard sous la lune qui luit.
Le canal noir hanté de chants en ribote.
La plainte à l'hôtel, derrière un mur, la nuit.

Le grand midi sur la place où l'août brasille.
La cloche qui s'ébranle dans le sommeil.
Le tesson au bord de la route qui brille.
Les faubourgs poussiéreux et toujours pareils.

La douleur furtive qui rôde, qui racle
Et qui s'installe, plantant son dard têtu—
Voyeur de ce qui te fut un spectacle,
Portes closes où tu as longtemps battu.

γηγηγηγηγηγηγη

XVIII. THANKA

The horned Black one sits in the emerald. Ecstasy
In the Awakened one—long is the trek among
Bare rocks and pointed peaks and barren vacuity—
Vaguely gleams on the lips of the entangled gods.

(There are four pillars to strengthen enlightenment)
You'll have to experience, among the four terrors
The earthed up well that's full of your ancient ailment
Where water once was flame and the source of errors.

XVIII. THANKA

Le Noir cornu dans l'émeraude et l'extase
Sous l'Eveillé—Longue la marche par les
Rochers nus, les pics aigus, la steppe rase—
Luit vaguement parmi les dieux emmêlés.

(Quatre piliers pour affermir la lumière)
Tu connaîtras entre les quatre terreurs
Le puits terré de ta hantise première
Où l'eau fut flamme et fontaine des erreurs.

O, that dance where Tara weaves in and flourishes
The red flower, the turning mill, the diamond!
(The solemn girl with the headdress of turquoises
Stands in a bright halo like in a firmament).

Firmly held in the claws of the five-headed fiend,
The severe fate spins moved by serpent, cock and swine.
Let that triumphal face for me now be exhumed,
Placid, motionless weft, on which transports entwine!

γηγηγηγηγηγ

Oh cette danse où Tara tresse et dégoise
La fleur rouge, le moulin, le diamant.
(La femme grave à la coiffe de turquoise
Dans un faisceau claire comme un firmament)

Tourne aux crochets du démon pentacéphale
Le strict destin du serpent du coq, du porc.
Exhumez-moi cette face triomphale,
Trame dormante immobile du transport.

      γηγηγηγηγη

XIX. BEAUTY

...luggage nor—on the shore they'd left the ship behind
And carried on their way—were they cast out, could be
Present, as they had guessed the word, and they could find
The temple that had surged in their dream. As for me

I have encountered you when were lightning the storms
Obsessively amidst the infernal orchards.
Our blood started to flow back where neither age nor
Body could quench their thirst. Insensitive strangers

To anything except terror, our sole refuge,
A shiver has seized us and we were like the slave
Whom the white man's cudgel with showering abuse
And hails of hits drives towards his prison-grave.

One morning you were born in the shine of a rose—
"Love is bare". But this was beyond understanding
For voyagers who had, to better plead their cause
At the King's judgment seat, loaded with precious things

Their bark—We proceeded back to unforgotten
Womb, ponderous silence and ever flowing blood—
And twenty walking days later, 'twas in the den
Of Sibyl that the fire at last spoke and without...

XIX. BEAUTE

...bagages ni—laissant la nef sur la rive
Ils poursuivirent leur chemin—rejetés,
Présents, ayant percé le mot et arrivèrent
Au temple en songe surgi. Je t'ai

Rencontrée quand brasillaient les orages
Et les obsessions au coeur des vergers
Infernaux. Notre sang reflua où l'âge
Ni le corps ne s'abreuvèrent. Etrangers

A tout hors la terreur qui fut notre unique
Refuge, un tremblement nous saisit et nous
Fûmes pareils à l'esclave que la trique
Du blanc vers l'ergastule pousse à grands coups.

Née un matin à la lueur d'une rose—
"Amour est nu". Les voyageurs ne comprirent
Pas. Ils avaient pour appuyer leur cause
Auprès du roi, chargé d'étoffes de prix

Leur barque—Nous avons regagné le ventre
Inoublié, le silence lourd, le sang—
Après vingt jours de marche ce fut dans l'antre
De Sibylle que le feu parla et sans...

Like the stars that high up sparkle above our heads,
Rumbling escorted us restlessly, all the way,
Over valleys and hills to our ultimate feasts.
Until at last I found the gleam that once took me

To this strange universe of snow, of ice, of storm,
And when awakening is nigh, a melody
Ruthlessly assails me and I return, stubborn
To be reborn in you, ever remote—beauty!

γηγηγηγηγηγ

Comme des astres scintillant sur nos têtes,
Le grondement qui nous aura poursuivis,
Par vals et monts jusqu'à nos dernières fêtes.
J'ai retrouvé la lueur qui m'a ravi

Dans un univers de blizzards et de glace.
Sur le seuil de l'éveil je reviens, hanté
D'une musique sans pitié pour tenace
Renaître en toi l'inaccessible—beauté.

γηγηγηγηγηγ

XX. ARS POETICA

Fall out. Sing out. This is the end of the story.
In the eddy of love were entangled my stars.
Far off is the rumour that they call memory,
And these isles on which I shall never land are far.

To bury myself into impeccable verse?
To become old chorus, trivial and commonplace?
To accept their time, their tempo, their caesura?
Ebony hearted spider in breathtaking heights

Who for me crams and weaves
These threads which connect me to the tree that is god,
I prefer to be thrown in your bottomless wells
Full of enthralling yells unlike their songs of old.

γηγηγηγηγηγη

XX. ARS POETICA

Rompez le chant. Voici la fin de l'histoire.
Au tourbillon de l'amour se sont pris mes
Astres. Loin cette rumeur qu'on dit mémoire,
Ces îles où je n'aborderai jamais

Plus. M'ensevelir dans la strophe sans faille?
Devenir la rengaine et le fait divers?
Accepter leur temps, leurs mesures, leurs tailles?
Araignée au coeur d'ébène, aragne vertigineusement

Qui me tasse et me tisse
Ces fils qui me raccordent à l'arbre dieu,
Plutôt ton gouffre sans fond où retentissent
Des strideurs plus prenantes que leurs chants vieux.

γηγηγηγηγηγη

XXI. COMFORT

For I don't care, now that darkness is coming down,
If the doors at which I had knocked denied entry
Since I could, even by bitterness outdone,
Experience the soft bliss that's called eternity.

γηγηγηγηγηγ

XXI. CONSOLATION

Car peu m'importe, à présent que la nuit monte,
N'avoir franchi ces portes où j'ai heurté,
Si j'ai connu, si l'amertume surmonte,
Cette douceur qui s'appelle éternité.

γηγηγηγηγηγ

XXII. EUROPEAN CONVULSIONS

At the time, the ship rolled along and was listing
On account of the balls that had dismasted her,
Her holds were full of salt water and of bawling
Uttered by the ruffians whose frays never could end,

And yet, she still was an Eldorados for tramps
Infatuated with obsolete, lunar light,
A quiet asylum when craters burst open
And belched forth swelling flows of bellies and of wild,

Uncontrolled crowds and the glances of the tame beasts
Pierced through the peacefulness of our motored turmoil—
Here, a muezzin danced on the gibes of a feast,
There, forbidden dreams of blue flag with stars of gold,

Birdlimes likely to catch peace doves and morning glare,
Jungles where were concealed mass graves and runaways.
Beautiful words, winged words that are both jeer and snare,
Was it foolish of me to gainsay you always?

The girl who passed displayed a cockscomb of sulphur
Gitone paraded with mottled arms, rotten blood.
Art of song subsided into the sepulchre
Where defunct peans lay with dead alexandrine.

XXII. L'EUROPE ET SES CONVULSIONS

Or le vaisseau roulait, donnant de la bande,
Car les boulets l'avaient presque démâté,
Les cales pleines d'eau et du cri des bandes
Dont les rixes ne savaient de répit, et

Toutefois toujours Eldorado des hères
Du lumignon phébéen démodé fous,
Asile quiet quand s'ouvraient les cratères
Et grossissait le flot des ventres, des foules

Immaîtrisées, et les regards des bêtes
Trouaient la paix de nos tumultes huilés—
Muezzin dansant sur les brocarts d'une fête,
Rêve interdit du drapeau bleu étoilé,

Glus empêtrant les colombes et les aubes,
Jungles célant les fuites et les charniers,
Beaux mots ailés qui êtes leurres et daubes,
Fus-je fou de vous avoir toujours niés?

La fille passait à la crête de soufre.
Giton paradait, les bras marbrés, le sang
Pourri. Le vieux chant rejoignait dans le gouffre
Péans défunts, alexandrin impuissant.

Then dawned the day when even ditties came to die.
Jackass who had sit down on the steps of the hall
Held out his top hat or procured his beggar's lie.
And the old fiends who were believed to have left all

Were now scraping tunes on guitars on the alleys
To spirit away the less poor passers-by's gold
Or, without chords, started to relate their decay.
It was then that Chloe without her petticoat

Immodestly displayed her portrait on the walls
While Daphnis collected his retirement pension.
Grumblers set to mumble about the funeral
Of old Gallus whose hide was the sole possession

Left. A tale in which Sade teamed up with the monster
Dracula made happy the freed slave Bonhomet,
Advanced to Nero, and the Old World tipped over
Into a dreadful mess which many styled "summit".

γηγηγηγηγηγηγ

Puis le jour vint où mourut la chansonnette.
Jacques s'assit sur les marches du palais
Tendant son claque ou moyennant sa sornette.
Les vieux démons qu'on avait cru en allés

Raclèrent les guitares aux promenades
Pour empaumer le passant moins démuni
Ou, sans accords, chroniquèrent leur panade.
Ce fut le temps de Chloé sans jupon ni

Pudique atour s'étalant sur les murailles.
Daphnis touchait les jetons de son repos.
Les grognons parlèrent de funérailles
Du vieux Gallus qui n'avait plus que sa peau

A lui. Le conte où Sade rejoint Dracula
Fit le bonheur de l'affranchi Bonhomet
Passé Néron, et l'ancien monde bascula
Au chaos que d'aucuns dirent sommet.

γηγηγηγηγηγ

XXIII. PATCHWORK

Summer, some haunting strains. Out of doors a furnace.
Torpor in the room where flutters a bumblebee
And the room is nearly plunged into deep darkness.
Noise of a falling chair. Cat passing furtively.

Carried with my ever flowing memory's tide
(Without trace did this room founder there where are gone
Past centuries but in the book no one could hide
A single word) I listen to the song, stubborn

(In that ancient garden purple grapes used to hang
Whenever September would bring back swarms of wasps
And the sickly and grim odour of fermenting
Grapes into the old house) and to which I, steadfast,

Listened in my recess *(there is music rising*
Of an opera which the radio plays—by night—
Toned down: all is asleep, except for the ticking
Of a wooden cuckoo clock that doesn't go right

Then a chime rings thirty o'clock, forty perhaps,
Which time does it measure?) and wondered if it was
Beyond the source, the hill or just beyond the house
That was arising this summer that seemed endless

XXIII. MARQUETERIE

L'été, la berceuse obsédante. Fournaise.
La torpeur dans la pièce où rôde un bourdon.
Presque obscure. Le bruit que fait une chaise
Tombant. Le pas furtif du chat. Abandonné.

Au fleuve jamais mort de ma mémoire
*(Pièce sombrée corps et biens où se sont
Engloutis les siècles, mais nul du grimoire
N'efface un seul mot)* j'écoute la chanson

Tenace *(au jardin perdu pendaient les grappes
Quand septembre chaque an ramenait ses vols
De guêpes et l'odeur écoeurante et âpre
De moût dans la maison)* vivace et que solitaire

J'écoutais *(montent les musiques
D'un opéra que tu écoutes—la nuit—
En sourdine car tout dort, hormis le tic
Tac du coucou de bois déglingué que suit*

*Un carillon comptant trente ou quarante heures
Prises à quel temps)* ne sachant si c'était
Outre source, outre mont ou outre demeure
Que se levait cet inextinguible été

(In the wood, strayed in warm scent of moss and darkness
Shed by intertwining branches, shimmers wan skin
(Slow and soft rains pouring amid the warm hazes
On the winged and naked bodies of the children

—You whose song was so fine...—are raining obsessions
Of some implacable American forests)
Shimmers a mouth to quench one's thirst with the potions
Shed during the day that had no dawn and no rest)

This summer that must come from time immemorial,
(The wheelbarrow, the white cherry tree and the bench
Full of wood worms, buckets full of water, withal
The red skirt that you spy, passing in the distance)

Doubtless from that time when awe-struck you listened to
Your grandfather who told you of his ancestry
Vanished to nothingness everywhere oozing through,
In the garden, at night, under the canopy.

γηγηγηγηγηγ

(Au bois perdu dans l'odeur chaude des mousses
Et la nuit que font les branchages mêlés
Luit un reflet de peau (pleuvent lentes, douces,
Par les nuées chaudes sur les corps ailés

Et nus d'enfants—vous qui chantiez si bien...—pleuvent
Des obsessions d'implacables forêts
Américaines) *une bouche où s'abreuver*
Pendant le jour qui n'eut d'aube et n'aurait

De déclin) venu je ne sais de quel âge,
(Le blanc cerisier, la brouette, le banc
Vermoulu, les seaux pleins, au loin le passage
D'une jupe rouge que tu guettes) sans

Doute celui qui te soufflait l'épouvante
Quand ton grand-père évoquait ses aïeux fuis
Vers un néant suintant par toutes les fentes,
Dans le jardin, sous les étoiles, la nuit.

γηγηγηγηγηγ

XXIV. THE STRANGER

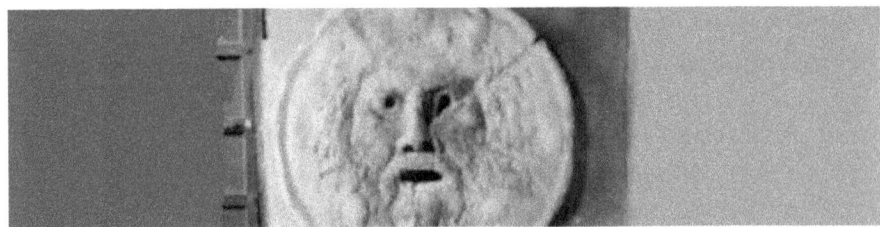

Stranger. To be the glance that is inventing you.
Word put into your Mouth of Shade. The Aventine
Where Caesar considers the moving city's view
That was turned to glowing ember extinguishing

The dawn he meant to be. And, walking down the road
On that scorching hot day, with no wind, song or shout,
—Along the whitewashed wall of a hospital strode
A girl on whose bosom thick beads of sweat stood out,

XXIV. L' ETRANGER

Etranger. Etre le regard qui t'invente.
Le mot dans ta bouche d'ombre. L'Aventin
D'où César contemple la cité mouvante
Devenue fournaise et braise où s'éteint

L'aurore qu'il pensait qu'il fut. Avenue
Caniculaire, sans vent ni chant, le long
D'un mur d'hôpital chaulé, la gorge nue
Perlant de sueurs d'une passante, l'ombre

Narrow was her shadow—the distraught man will go
Amid silence that is so heavy and so harsh
That he might hit with it, as he would with a bow,
The invisible strings; he will model his march

On his hurrying pace when bells from Saint Clement
On the Assumption Day tried hard to hold in check
Those from Saint Nicholas or from Saint Donatien
Which were looming nearby in some drowsy street, yet...

Etroite, le promeneur traqué qui marche
Au fond d'un silence tellement lourd, tellement
Dur qu'il en frappe comme un archet
Les cordes invisibles, allant tel

Il allait lorsque retentissaient les cloches
De Saint Clément, à la mi—août répondant
A Nicolas et aux Frères Nantais proches
Dans une rue endormie, cependant

Qu'en chapeau noir agrémenté de dentelles
Trotte tenant par la ficelle un gâteau
Dominical, la dévote aux immortelles
Qui disparaît vers la place du château—

—There was, trotting along, holding on a ribbon
A Sunday cake, wearing a black hat lace-adorned
And everlasting flowers, a pious old woman
Heading for Castle Square who round the corner turned—

He thought he was roaming in the depths of a dream.
(That in that dream he was the benumbed dreamer,
That when he would awake from this dream he was deemed
To be another dream, vanishing in thin air)

Cabinet covered with velvet and calico,
Barge pitching and tossing on a wave of dismay
The terror struck spirit staggers but waves billow
When the Watchman on the cross over him holds sway

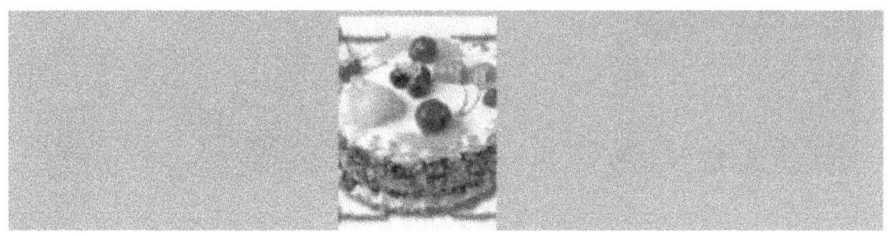

Mais lui croyait qu'il errait au creux d'un rêve.
(Etre celui qui rêve qu'il est celui
Qu'un rêve tient et sera, lorsque se lèvera
Le rêve, un autre rêve qui fuit)

Cabinet clos de velours et de cretonnes,
Barque tanguant sur la lame d'effroi,
L'esprit glacé vacille, mais l'éclair tonne
Quand le veilleur règne au centre de la croix

For his glance tears itself from flesh and from pictures—
These bonfires of flesh inhabited by vision—
(Summer was ablaze when began the adventure
Of those vanished bodies that by an explosion

Of love had been scattered over spheres and ages
To become sparkling star in the sky of lovers)
And once slumber is cast out with its mirages
He returns to dwellings where everything must merge.

γηγηγηγηγηγ

Car son regard aux chairs s'arrache, aux peintures—
Brasier des chairs qu'habite la vision—
(Eté flambait quand débuta l'aventure
Des corps évanouis que l'explosion

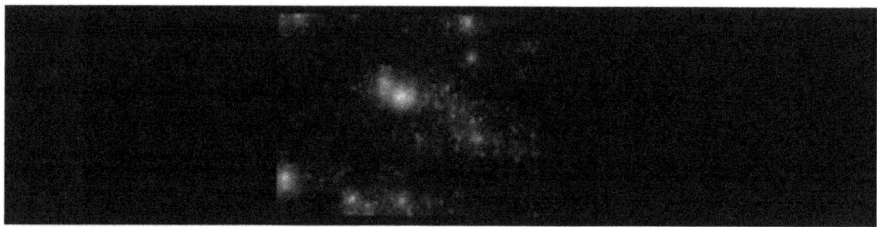

D'amour éparpilla par sphères et âges
Pour resplendir étoile au ciel des amants)
Et repoussés le sommeil et ses mirages,
Il regagne l'indivisible élément.

γηγηγηγηγηγ

XXV. THE TWIN BROTHER

Here you are again in the depth of the chasm
That gnaws away at me, becomes my sole abode.
Was it motionless hunt or wrong track in some dream,
Am I Actaeon who was torn by his own horde?

A hiding freak, when my twin brother lies, I go
And search, as time goes by all the nooks and crannies.
For there is for us both only one eye, one shoe.
The one who sleeps must watch over the premises.

I'll tell you some day what kind of quest has been mine,
I shall enchant you with my tales and my disdains,
So that the role I play may surge out of my night,
A more mysterious one than Sultan Saladin's.

γηγηγηγηγηγ

XXV. LE JUMEAU

Je te retrouve en l'abîme qui me ronge
Pour devenir le seul monde où je me tiens.
Poursuite inerte ou fausse piste du songe,
Suis-je Actéon que méconnaissent ses chiens?

Au fil des jours j'expertise le dédale.
Monstre celé, quand je vais mon besson gît
Car nous n'avons qu'un oeil et qu'une sandale.
Celui qui dort doit surveiller le logis.

Je te dirai quel fut mon pèlerinage,
T'enchanterai de mes dits, de mes dédains,
Et de ma nuit surgira mon personnage
Opaque, plus que le sultan Saladin.

γηγηγηγηγηγηγ

NOTES

Nantes: River Erdre and Cathedral

NOTES IN ENGLISH

The titles of the poems have been added by the translator.

The French poet **Michel Galiana** (1933–1999) published:

—Under his real name, Michel Souchon, a novel, *The Shadow Theatre*, similar to Voltaire's philosophical tales (1966).

—Two essays entitled *Beyond Your Homeland* (1987) and *Treatise on Indifference* (1989), in which he proclaims that he wants no part in the collective extravagances forced on us by the state and society and extols indifference as a virtue, excluding however revolt which generates new kinds of alienation.

—Two collections of narratives, *A Trip to the West Suburbs* (1991) and *The Cry* (1993), unfolding on the borderland between two worlds, the objective one and the haunted domain which everybody may call his own and is—who knows?—the best part of him.

And yet, poetry was always to him a field of investigation, as well as a form of asceticism. He published successively:

—*The Dream in the Orchard* (1990), where verse appears in a strict shape to assert the poet's rejection of the visible world.

—*In Memoriam* (1991), also keeping the strict canons of poetry which may be more suitable than loose rhythms for the purpose of capturing voices floating about in slumber and silence. It is made up of three parts each of which is a vantage point from where the author looks back on his years spent; the present book is a translation of the last two parts.

—*Out of a Book of Hours* (1992), a title borrowed from Rilke, which completes the former one and also gives account of poetical introspection but in a less structured manner. It consists of two sections: "Dwellings," exquisite moments of awareness and ecstasy; and "Songs," dizzy spells which seize and imprison the poet in an unchanging dancing rhythm.

The translator and brother, Christian Souchon, avails himself of translating abilities derived from his experience as a freelance translator with OECD, his humanistic education, and his studies at the renowned graduate business school HEC—Paris. These translations were revised by Lois June Wickstrom, American playwright and renowned author of children's literature and science fiction; and Dr. Klaus Engelhardt, who taught French and English for thirty-four years at Lewis & Clark College, Portland, Oregon.

1. MATURITY WORKS

I. AUTUMN

The next twenty-six poems are dated from October 1978. Michel was then forty-five years old.

II. PRAGUE

Michel was a passionate traveler and an excellent customer for tour operators. Apparently, these trips allowed him to make the acquaintance of pretty tourists who were rapidly disconcerted by his strange personality. "Warden of my years" is Saint Vitus (who is in charge of nervous illnesses). "Star circled eagle" and "star shaped halo" refer to the statues of evangelists and saints on Charles Bridge. The Eagle is Saint John who wrote the Apocalypse. "Cupbearer" refers to a long poem of an author from the finishing nineteenth century, Jules Barbey d'Aurevilly, titled "l'Echanson": whenever two lovers drink out of the goblet of love, a cupbearer who stands behind them pours in a poison that is called habituation, routine, time, so that at last love dies.... The intricate sentence about "defied Fortune" and "frontispiece of speech" could mean that the poet was reckless enough to address a girl he had seen in the plane but had not been introduced to! "Ledgers", "phantoms, and "clock turning backwards" refer to a famous Jewish Cemetery in Prague. Nearby there is a one-handed clock turning from the right to the left, which is the way of reading Hebrew. Adela Juana Maria Patti was a famous Italian Opera singer (1843-1919): the baroque statues always strike theatrical poses like opera actors. "Bird of metal" is an airplane.

III. A DESERT

Reminiscences of the troubadour Jaufré Rudel (the Lady Love of the far Orient).

IV. CHILD

There was a time when the contraceptive pill was a rarity....

V. HONEY-BEE

A bee as a symbol of the fleeting years.

VI. CHARITY BALL

Once a year a society of Parisian notables originating from the "department" Drôme (one of the ninety-five main administrative divisions of France) elected their Queen, who was as a rule an attractive young person. Michel's father was an active member of this brotherhood. It appears that he succeeded, once at least, in enticing his son into this Pharisaic frolic.

VII. HISTORY

"On the stairs to the palace..." is the beginning of a French folk song. "Leave all his past behind"—a similar warning hangs, according to Dante, over the gate of Hell: "Leave all hope behind!" "Balkis" is the Arabian name of the Queen of Sheba (Saba). "The Sage" is King Solomon, an allusion to a trip to Yemen. "Temple" and "soothsaying" refer to trips to India.

VIII. THE CAGE

The tenacious memory of a youthful loves still torments a forty-five-year-old man!

IX. THE TEENAGER

From his window Michel could overlook the neighbours' garden and the Meudon wood in some distance.

X. A QUIET SUMMER MONTH

Another possible "translation":

It's a fine summer day and all my colleagues are on holidays.
I just hear noises coming in through the open window.
I think I could start a new poem, here in my office
and I need not to hide from anyone, as I usually do.

What! It's already 12 o'clock and I'm getting tired of hunting for rhymes.
I must take care: someone is in the next room!
Man, can't you keep quiet!
I don't want to be disturbed for this poem is particularly arduous.
Even in summer the clock goes round
But I'll succeed in finishing that poem after all!
The theme is always the same: that bad girl who ignores me!
It's fine to rhyme during the working hours when my boss doesn't know!
Now, I must think again how she made fun of me and I'm suddenly in bad moods.
My sad thoughts are coming again.
It's late: time to go back home.
I felt relaxed but now I feel oppressed again.

XI. FLYING BACK HOME

Recollecting holiday memories in the plane back home.

XII. SNOW

Winter and dying love.

XIII. BRUGES

Better than a photo: a poem as souvenir!

XIV. MAY'68

The allusions to the dramatic events of May 1968 in Paris are rather transparent: "the meek" are the students who had triggered off the revolt. "The priests of falsehood" are the professional politicians and trade unionists. "If the nightly ragmen...mob": if the students' revolt could be turned into classical strikes with claims for higher wages. "Caliban" and "Prospero" symbolize the unlearned folk and the scholars in Ernest Renan's philosophic drama, *Caliban*. "A single man" is President de Gaulle, who retired two years later. Far less evident are the following hints: "Demon", "ivory gate", "royal precinct", "innermost secret": the bookshelves in Michel's flat bent beneath the weight of works dedicated to demonology, Sufism, alchemy and so on that led him away from the Catholic religion.

XV. AGE

"Browsing hall" is a "restaurant." "And the hunter chasing after me hides her face." = "And my customary shyness prevents me from looking her in the face."

XVI. WOMEN

Even prostitution may be a subject matter for a poem....

XVII. MEMORIES

There are matter-of-fact memories and subjective memories that are the only ones a poet can exploit.

XVIII. COLCHIS

Maybe a reference to an excursion to Lille or Strasbourg (a city "on the borders of France"), where Michel could have visited an Armenian or Georgian church (hence the reference to Colchis).

XIX. ROMANCE

Again a poem on unrequited love with mysterious images.

XX. PIEDS NOIRS

"Pieds Noirs" (Black Feet): a nickname for the French settlers who were repatriated to France when Algeria became independent.
Zéralda: a village in the Mitidja plain.

XXI. NANTES

Michel Galiana's grandparents on his mother's side lived in a small house in a suburb of Nantes. As a child Michel spent his holidays there.

XXII. THE GRANDPARENTS' HOUSE

This poem is relating to the death of the author's grandmother, on March 15th, 1953 in Nantes. The fourth stanza evokes the house violently lit by the headlights of the car which brought the author and his family from Paris to Nantes, where they arrived in the middle of the night.

XXIII. HAFIZ

Shemseddin Hafiz (1300-1388) was a Persian lyrical poet whose poems on wine and love were interpreted as Sufist allegories. His collection of poems (Divan Hafiz), containing over 500 sonnets, influenced later Persian, Indian and Turkish poets, and also Westerners as Goethe. Sufism is a mystic school asserting that man, sufficiently purified by meditation, ecstasy and strict observance of the Coranic rule may raise' himself to divinity and identify with God.

XXIV. ALCHEMY

"Black wolf, swan, witness, grave, crown, upset gallows, holy woman, magpie, bat, king, queen..." all seem to refer to some esoteric science like alchemy or astrology.

XXV. AXEL

"Axel" is the hero of the homonymous play by Villiers de L'Isle-Adam. He preferred to die—and persuaded his beloved Sara to do the same—rather than to avail themselves of a treasure buried in his castle—an allegory which Michel interpreted, perhaps, as renouncement to celebrity in his lifetime, as it could harm or annihilate his poetical inspiration. Tribulat Bonhomet is a negative hero of the same author, a narrow-minded rationalist who tried to investigate the mysteries of art and mind.

XXVI. DREAM

In spite of time and age, stubborn memories persist....

2. LATER WORKS

I. A FRAGRANCE OF FOREST

There is a strong likelihood of this haunting wood being the Meudon Woo that extends over several suburban neighbourhoods, including Viroflay where Michel lived as from 1938. Due to wise prescriptions enforced in the seventeenth century to protect the prospects from Versailles gardens, this wood remained at that time yet mostly spared the numberless affronts greedy property developers inflicted on so many landscapes surrounding Paris. The only noticeable violation was the telecommunication tower mentioned in the seventh stanza. The river with the dead ox wobbling along on it should be considered an allegory of time, not an objective description. Maybe this wood where Galiana had the unexpected encounter of the mysterious girl will be some day as famous as the Fountain of Vaucluse where Dante encountered Beatrice.... That would provide for its final preservation!

II. CEASING MUSIC

The impressions left by ceasing music. Michel's early work, "Figaro's Wedding," already dealt with this subject-matter: Here again Mozart is the reference with "Figaro" and the "Magic Flute". A profusion of visual pictures are used to depict acoustic emotions. When the melody vanishes away, the rhythm is still perceived.

III. ORPHEUS

Maenad: one of the women participants in the rite of Dionysus. Here the word apparently applies to Eurydice (who was in fact a nymph, a dryad). Orpheus represents the poet and Hades the world of his dreams and of his art where his memories and his dead loves are kept, returnless. Eurydice never will be allowed to return to the world of living. The poet should give up his insane dreams and go back to his cell and writing case!

IV. THE OLD MAID

This poem could be about a fair-haired baker's daughter whom virtuous demureness led to spinsterhood and her admirer to death. Concerning the "cupbearer," see note to "Prague."

V. THE MORAY

Michel Galiana wrote, based on this holiday encounter, a series of five poems that are a meditation on old age. "A skull" is the Black Jack.

VI. HAFIZ'S SHRINE

Located in Shiraz (Iran), the monument consists of the grave itself, and a construction built over it, including a hall with four high stone columns and a garden in front of it. It was restored several times. The present construction was designed by André Goddard and built based on the initial architecture. Some Persian mystics and poets are buried next to it. (See also poem 1 –XXIII).

VII. COACH JOURNEY

Apparently sketched during a trip to India.

VIII. JAPANESE GARDEN

The British author, Michael Shepherd, says: "A fine evocation of the 'tended space' as metaphor for unlimited space. A metaphor, for the tended space of the poem itself? A clear translation too." The British poet, Adam Reynolds, says: "…felt it sagged a little in the middle but only in comparison to a great opening and a super close. The opening lines really make the stone stony as Russian formalists would say, the image of the twisting tree roots by the wall. Will they uproot the wall? Who is the constructor of such a thing as a wall? And for what reason?"

IX. ULYSSES IN MONTPARNASSE

This inward monologue explicitly refers by its content (wandering along the streets of a big city combined with allusions to the Odyssey—Circë...) and its form (stream of consciousness, parody, puns...) to *Ulysses* by James Joyce. Molly Bloom's monologue is evoked in the last line, following a tribute paid to Gérard de Nerval, thus situating the journey's end near the former Old Lantern Street in the Halles District. The French text contains puns that resist translation

X. THE UNICORN

An interpretation among others: the unicorn is the poet's vocation and talent squandered in the practice of prosaic jobs.

XI. CITY

This city could be Viroflay, where Galiana spent most of his life.

XII. OBSTETRICS

Michel Galiana was born in January 1933. In the year 1933 Adolf Hitler became Chancellor of Germany. The same year was marked in France by the Stavisky case involving fake saving certificates emitted in Bayonne. Did the survivor of attempted abortion also consider himself a fake?

XIII. MONTE CRISTO

This poem combines a literary reminiscence (Alexandre Dumas Père's *The Count of Monte-Cristo*) with a personal memory (the girl of the wood). This recalled memory has become, many years later, a source of endless inspiration.

XIV. NUMBERS AND LETTERS

Like the long poem, "The Scythians," this shorter piece evokes apparently the present unpopularity of poetry and serious literature but announces their revenge on exact sciences. The crow and the Green Lion could be alchemical figures playing some part in soothsaying (Cassandra's skill), an "inexact science" of paramount importance that avails itself both of computing and incantation.

XV. BACK TO ORIGINS

The visual, sound-related, and olfactory perceptions on entering a wood are put in connection with a move back to the original nothingness.

XVI. EVENING SKY

How to say in words the unspeakable....

XVII. PEEPING TOM

Pictures of quietness or restlessness, of void or milling, of intimacy or collective folly, visual, acoustic, olfactory pictures, pictures of happiness, pictures of suffering: only pictures for the author who is afflicted with pathological incommunicability that prevents him from expressing his feelings and makes of him a pitiable "Peeping Tom," whereas, as Baron Pierre de Coubertin said....

XVIII. THANKA

This poem refers to a trip Michel Galiana took to Ladakh, a mountain desert on the Northern borders of the Indian province Jammur and Kashmir. "In the Buddhist monasteries are preserved beautiful coloured large paintings on silk, cotton and linen fabrics called 'thankas,' which have spiritual or religious themes. There are well defined guidelines in the scriptures for preparing a thanka: work begins at an auspicious moment and the lamas keep singing hymns till the painting is complete. It is then ceremonially established and from then on revered as divine. They are a unique blend of Chinese and Indian art. The most frequently depicted theme of these paintings is the cycle of life and death. It portrays that the human being, in spite all his sufferings clings to life, whereas only Buddha can provide salvation. One version of this theme shows a demon, Mahakala (The Great Black one), with a garland of five human skulls on his head, holding a wheel in his claws and teeth. The wheel is the circle of life and the demon represents the desire to live. A cock, a serpent and a pig at the hub of the wheel represent desire, anger and ignorance and keep the wheel turning. The wheel is divided into six sectors, each with depictions of the realities of a worldly life (bare rocks, pointed peaks, deserts...) and even (entangled) half-gods are shown not free from life and death. A little away from the wheel and its sufferers sits the Buddha (the Awakened one) in ecstasy, showing the path to salvation. The four elements are predominantly used in these paintings (they are evoked in the second verse by the poet along with his own ailments). Other oft used symbols are halos, lightning and multiple body parts(like the several hands of the goddess Tara) which symbolize omnipresence, strength and benevolence of the figures endowed with such features." The word "weft" in the last line was chosen on purpose: its Sanskrit equivalent "tantra" applies to ancient esoteric handbooks used by both Buddhists and Hinduists." Source: *Ladakh* by Rajesh and Ramesh Bedi.

XIX. BEAUTY

Like "Ulysses in Montparnasse," this poem refers to one of James Joyce's works, *Finnegans Wake*. History in the model, the quest of beauty in the present poem are cyclic and the text begins with the end of a sentence left unfinished in the fifth verse. Some sentences could be recombined in different ways. The narrative is both a factual report and a dream.

XX. ARS POETICA

Following his modern models, Galiana has given up in all the second part of the present book the classical, alexandrine verse that he deems outdated, trivial and of no use for celebrating an impossible love. He compares the eleven feet verse, more attuned to his present preoccupations, with a spider's web, an image to which he already resorted in a previous poem. To illustrate this, the first stanza has two sentences extending beyond the line and the last stanza begins with a six feet line.

XXI. COMFORT

Dr. Engelhardt notices that in the original text "darkness comes up," a statement which tallies with his mountain climber's observations....

XXII. EUROPEAN CONVULSIONS

After a description of the laborious construction of the European entity, we find here a despising judgment of the new trends and developments in European art and culture during the nineties. "Daphnis and Chloe" is the ancient and bucolic story of two foundlings brought up by goat keepers on the island of Lesbos who gradually fell in love, their love developing from childlike innocence to full sexual maturity. Gaius Cornelius Gallus was considered by Ovid as the first elegiac poet. For Bonhomet, see poem "Axel" (1-XXV).

XXIII. PATCHWORK

The author's parents' house in Viroflay, the grandparents' house in Nantes, and other memories (including a reminiscence from an early work "Lorelei") are evoked here alternately and tightly intertwined in a "stream of consciousness", a device borrowed from James Joyce.

XXIV. THE STRANGER

A girl passed on a hot day near St. Clement Church in Rome evokes for the wanderer another passer-by he saw on Assumption Day near St. Clement Church in Nantes, causing sightseeing pictures to mix up with dreams and memories as in a kaleidoscope.

XXV. THE TWIN BROTHER

Michel Galiana's second published book concludes with a new evocation of his nefarious hidden double, essential companion of his conscious personality, whom he already addressed in previous poems ("The Wrestler," "The Helmsman," "Hermes Speaks," etc.). Actaeon was torn to pieces by his own dogs after having been turned into a stag by Artemis whom he had seen unrobed by mere mischance. "One eye, one shoe" is an allusion to the Graeae, three old hags born with grey hair, wrinkled skin, and only one tooth and one eye between them. Saladin was the Sultan of Egypt who conquered Jerusalem from the Christians in 1187, but was defeated by Richard Coeur de Lion in 1191.

NOTES EN FRANCAIS

Les titres sont ajoutés par le traducteur.

Le poète français **Michel Galiana** (1933-1999) a publié sous son nom d'état civil, Michel Souchon, un roman, *Le Jeu des Ombres*, qui s'apparente aux contes philosophiques voltairiens (1966).

—Deux essais intitulés *Par delà la Patrie* (1987) et *Traité d'indifférence* (1989), dans lesquels il affirme son refus de participer aux folies collectives qu'imposent l'état et la société et prône la vertu d'indifférence sans recourir à la révolte génératrice d'autres alienations.
—Et deux recueils de récits *Voyage en Hauts de Seine* (1991) et *Le Cri* (1993) qui se situent à la lisière de deux mondes, le monde objectif et le domaine hanté que chacun possède et qui est peut-être la part la plus précieuse.

Toutefois la poésie a toujours constitué pour lui une étude et une ascèse. Il publia successivement:

—*Le songe du verger* (1990) où le vers revêt une forme stricte sous laquelle à nouveau il affirme son refus du monde apparent.
—*In Memoriam* (1991) qui respecte également les formes strictes qui, mieux que des rythmes trop lâches peuvent capter les voix qui flottent dans le sommeil et les silences et s'articule en trois parties dont chacune est un belvédère d'où l'auteur jette un regard sur ses jours écoulés, le présent ouvrage est une traduction des deux dernières parties.
—*D'un Livre d'Heures* (1992), titre emprunté à Rilke, qui complète le précédent et relate également des examens de conscience poétiques mais de façon moins structurée. Il se compose de deux parties. "Demeures": des moments privilégiés de lucidité et d'extase. "Chansons": des vertiges qui emportent et emprisonnent le poète dans une cadence inflexible comme celle d'une danse.

Christian Souchon met au service de l'oeuvre de son frère son expérience de traducteur pour le compte de l'OCDE et les connaissances issues de sa formation d'humaniste et de ses études à l'école des Hautes Etudes Commerciales. Ces traductions ont été revues par Mme Lois June Wickstrom, auteur américain reconnu de pièces de théâtre et de littérature enfantine et de science fiction et le Dr. Klaus Engelhardt, ancien professeur de français et d'anglais au Lewis & Clark College de Portland dans l'Oregon.

1. OEUVRES DE LA MATURITE

I. AUTOMNE

Les 26 poèmes qui suivent sont dates de septembre/octobre 1975. Michel avait alors 45 ans.

II. PRAGUE

Michel était passionné de voyages et un excellent client pour les voyagistes. Il semble que ces voyages lui permettaient de faire la connaissance de jolies touristes qui étaient rapidement effarouchées par son étrange personnalité. "Gardien de mes ans": Saint Guy (qu'on invoque pour les maladies nerveuses). "L'aigle qui s'étoile", "Christ étoilé" se rapportent aux statues d'évangélistes et de saint qui ornent le Pont Charles. L'Aigle est Saint Jean, auteur de l'Apocalypse. "Les dits de l'échanson" évoquent le long poème du 19ième siècle finissant, Jules Barbey d'Aurevilly, intitulé "l'Echanson." Quand deux amants boivent à la coupe de l'amour, un échanson qui se tient derrière eux y verse un poison qui a noms "habitude", "accoutumance", "temps qui passe" et qui détruit cet amour.... La phrase alambiquée "pour braver la Fortune" et "frontons des discours" signifie que le poète osa adresser la parole à une femme qu'il avait vue dans l'avion mais à laquelle il n'avait pas été présenté. "Dalles", "larves, "horloge allant à reculons" se rapportent au fameux cimetière juif de Prague. Tout près se trouve une horloge n'ayant qu'une aiguille tournant de droite à gauche, le sens de lecture de l'hébreux. Adela Juana Maria Patti était une fameuse cantatrice italienne (1843-1919): les statues baroques affectionnent les pauses théâtrales qui les font ressembler à des acteurs d'opéra. "L'oiseau clair"= avión.

III. UN DESERT

Réminiscence de Jaufré Rudel « L'amour de loin.

III. ENFANT

C'était avant la pilule!

V. L'ABEILLE

Ici symbole du temps qui passe.

VI. BAL DE BIENFAISANCE

Une fois par an une association de notables parisiens issus de la Drôme élisaient la "Reine des Drômois" sur des critères exclusivement esthétiques. Le père de Michel était un membre actif de cette docte assemblée. Il appert qu'il avait réussi une fois au moins à entraîner son fils dans ces festivités pharisaïques.

VII. HISTOIRE

"Aux marches du palais..." début d'une chanson traditionnelle française. "Qu'il laisse tout passé": un tel avertissement figurait, selon Dante, au dessus de la porte de l'Enfer: "Qu'il laisse tout espoir!" "Balkis": le nom arabe de la reine de Saba."le Sage": le Roi Salomon. Allusion à un voyage au Yémen. "Temple", "a fait le mage" se rapportent à des voyages en Inde.

VIII. LA CAGE

L'obstiné souvenir d'un amour de jeunesse tourmente encore le quadragénaire que le poète est devenu.

IX. L'ADOLESCENTE

Depuis sa fenêtre, Michel pouvait voir le jardin du voisin et le bois de Meudon un peu plus loin.

X. CALME MOIS D'ETE

Un essai de "traduction." C'est un beau jour d'été. Tous mes collègues sont en vacances. Je n'entends que les bruits de la rue par la fenêtre ouverte. Pourquoi ne commencerais-je pas un nouveau poème sans avoir besoin de me cacher comme à mon habitude? Quoi! Il est déjà midi et je commence à être fatigué de chercher des rîmes. Prudence! Il y a quelqu'un dans le bureau voisin! Celui-là, il pourrait se tenir tranquille! Je ne veux pas qu'on me dérange, car ce poème est particulièrement difficile.... Même en été l'horloge tourne. Mais j'arriverai quand même à terminer mon ouvrage! Le thème est toujours le même: cette vilaine fille qui m'ignore! Quel plaisir de rimer pendant les heures de service à l'insu de mon chef! Voilà qu'à nouveau je pense à ses moqueries et le cafard me reprend. Les pensées sinistres reviennent. Il est tard; l'heure de rentrer. J'étais détendu, me revoilà oppressé.

XI. VOL DE RETOUR

Visions de vacances dans l'avion du retour.

XII. NEIGE

L'hiver et l'amour qui meurt.

XIII. BRUGES

Mieux qu'une photo—souvenir: un poème

XIV. MAI '68

Les allusions aux événements dramatiques de mai 1968 à Paris sont assez transparentes: "Les doux": les étudiants à l'origine de la révolte. "Les clercs du mensonge": les politiciens et les syndicalistes. "Si l'or pouvait germer...s'embraser": si la révolte étudiante pouvait déboucher sur une vague de grèves dans la grande tradition avec demande de hausses de salaires. "Caliban" et "Prospero" symbolisent les gens incultes et les érudits dans le drame philosophique d'Ernest Renan, "Caliban." "Le Seul": le Général de Gaulle qui se retira deux ans plus tard. Bien plus hermétiques sont les allusions qui suivent: "Le Démon", "la porte d'ivoire", "le parvis du roi", "le Secret": les étagères de l'appartement de Michel ployaient sous le poids d'ouvrages consacrés à la démonologie, au Soufisme, à l'alchimie, etc....qui le détournèrent de la religion catholique.

XV. VIEILLESSE

"Salle à brouter" = "restaurant." "Le chasseur qui me suit me cèle son visage." = "Ma timidité habituelle m'empêche de la regarder en face

XVI. FEMMES

Même la prostitution peut inspirer le poète.

XVII. SOUVENIRS

Il y a des souvenirs objectifs et des souvenirs subjectifs. Seuls ces derniers sont utiles au poète.

XVIII. COLCHIDE

Peut-être une allusion à une excursion à Lille ou Strasbourg ("aux lisières de France") où Michel aurait visité une église arménienne ou géorgienne (d'où la référence à la Colchide).

XIX. IDYLE

Encore le thème « aimer sans être aimé, assorti d'images mystérieuses.

XX. PIEDS NOIRS

"Pieds Noirs": il s'agit du départ forcé des Français d'Algérie. Zéralda: village de la Mitidja.

XXI. NANTES

Les grands-parents maternels de Michel avaient une petite maison dans la banlieue est de Nantes. Le jeune Michel y passait ses vacances.

XXII. LA MAISON DES GRANDS PARENTS

Le sujet du poème est le décès de la grand-mère maternelle de l'auteur, le 15 mars 1953 à Nantes. La quatrième strophe évoque la maison violemment éclairée par les phares de la voiture qui avait conduit l'auteur et sa famille de Paris à Nantes où ils arrivèrent en plein milieu de la nuit.

XXIII. HAFEZ

Shemseddin Hafez (1300-1388): Poète lyrique persan dont les poèmes sur le vin et l'amour ont été interprétés comme des allégories Soufistes. Ses recueils de poèmes (Divan de Hafez) contiennent plus de 500 textes qui ont influencé les littératures perse, indienne et turque et même occidentale (Goethe). Soufisme: école mystique affirmant que l'homme suffisamment purifié par la méditation, l'extase et l'observance stricte de la loi Coranique peut s'élever à la divinité et s'identifier à Dieu.

XXIV. ALCHIMIE

"Loup noir, cygne, témoin, sépulcre, couronne, gibet retourné, sainte, pie, chauve-souris, roi, reine..." un vocabulaire qui semble appartenir à quelque science ésotérique comme l'alchimie ou l'astrologie....

XXV. AXEL

"Axel" est le héros de la pièce homonyme de Villiers de L'Isle-Adam. Il préféra mourir—et persuada son amante Sara d'en faire de même—plutôt que de toucher au trésor enfoui dans son château: une allégorie que Michel Galiana a pu interpréter comme celle du renoncement à la célébrité de son vivant pour qu'elle ne vienne pas altérer ou détruire son inspiration poétique. Tribulat Bonhomet est un héros négatif créé par le même auteur, un rationaliste borné qui tenta de percer les mystères de l'art et de l'esprit.

XXVI. RÊVE

Malgré le temps qui passé et la vieillesse qui approche, les souvenirs demeurent

2, OEUVRES PLUS RECENTES

I. UN PARFUM DE FORET

Il y a tout lieu de penser que cette envoûtante forêt est le Bois de Meudon (cf image de fond) qui s'étend sur plusieurs communes de la banlieue dont Viroflay où habitait Michel Galiana depuis 1938. Grâce aux dispositions prescrites dès le XVII siècle pour protéger les perspectives du parc de Versailles, ce massif forestier n'avait alors pas encore trop souffert de la rage destructrice des promoteurs qui s'abattait sur les autres paysages de la banlieue, si ce n'est la tour hertzienne évoquée à la $7^{\text{ème}}$ strophe. Quant au fleuve charriant un cadavre de boeuf, il faut y voir une allégorie et non une description objective. Peut-être ce bois où Galiana rencontra la mystérieuse jeune fille deviendra-t-il un jour aussi célèbre que la fontaine de Vaucluse où Dante rencontra Béatrice.... Ainsi sa protection serait-elle définitivement assurée!

II. DERNIERS ACCORDS

Les impressions que laisse la musique quand elle cesse. Michel, jeune homme a déjà traité le sujet: cf. *Les Noces de Figaro*. Ici encore la référence est "Les Noces" auxquelles s'ajoute la Flûte enchantée". Une profusion d'images visuelles pour décrire des sensations acoustiques: la mélodie s'efface peu à peu; bientôt il ne reste plus que le rythme.

III. ORPHEE

Ménade: l'une des femmes participant aux rites de Dionysos. Il semble que le mot désigne ici Eurydice (qui était, en fait, une nymphe, une dryade). Orphée représente le poète et l'Hadès le monde de ses rêves et de son art où sont enfouis à jamais ses souvenirs et ses amours mortes. Eurydice ne rejoindra jamais le monde des vivants.
 Qu'Orphée abandonne ces rêves malsains et retourne à sa cellule et à son écritoire!

IV. LA VEILLE FILLE

Il pourrait s'agir d'une boulangère blonde dont la sagesse et la discrétion firent une vieille fille tout en causant la perte de son admirateur. Pour "l'échanson", cf. la note annexée au poème "Prague." (1.II).

V. LA MURENE

Michel Galiana a écrit en outre à partir de cette aventure de vacances une suite de 5 poèmes qui est une méditation sur la vieillesse. "Un chef hure haine": le pavillon des pirates.

VI. LE TOMBEAU DE HAFEZ

A Chiraz (Iran). Le monument se compose du tombeau lui-même et d'autres constructions, dont une salle ornée de quatre colonnes de pierre et il est précédé d'un jardin. L'ensemble fut souvent restauré. La construction actuelle est due à André Goddard qui a respecté le modèle initial. Plusieurs mystiques et poètes persans sont enterrés ici (Cf. aussi le poème 1-XXIII).

VII. VOYAGE EN AUTOCAR

Sans doute un souvenir de l'Inde.

VIII. JARDIN MINERAL

Commentaire de l'écrivain anglais Michael Shepherd: "Belle évocation de 'l'espace 'jardiné' en tant que métaphore de l'espace sans limite. Est-ce aussi l'évocation de cet espace jardiné qu'est le poème lui-même? Notons aussi la clarté de la traduction." Commentaire du poète anglais, Adam Reynolds: "L'intensité du texte se relâche un peu au milieu, mais uniquement en comparaison avec la grandiose introduction et la chute épatante. Les premières lignes expriment à merveille la minéralité de la pierre, pour parler comme un formaliste russe. Et il y a cette image de l'arbre qui tord son tronc au-delà du mur. Va-t-il le soulever? Et qui a eu l'idée de construire une chose pareille, un mur? Et pourquoi?"

IX. ULYSSE A MONTPARNASSE

Ce monologue intérieur fait par son contenu (déambulation dans les rues d'une grande cité, combinée avec des allusions à l'Odyssée—Circé...) et sa forme (cheminement de la pensée consciente, parodie, jeux de mots...) explicitement référence à l'*Ulysse* de James Joyce. Le monologue de Molly Bloom est évoqué dans le dernier vers, après un hommage à Gérard de Nerval qui situe la fin de l'odyssée près des Halles dans l'ancienne rue de la Vieille Lanterne. Les calembours (ô vide/Ovide, murs leurres/hurleurs, Priape/prière) s'avèrent rétifs à toute traduction.

X. LA LICORNE

Une interprétation parmi d'autres: la licorne est la vocation ou le talent du poète gaspillés dans l'exercice d'une profession prosaïque.

XI. CITE

La ville en question pourrait être Viroflay, où vécut Galiana.

XII. OBSTETRIQUE

Michel Galiana est né en janvier 1933. L'année 1933 vit Hitler devenir chancelier et fut marquée en France par l'affaire Stavisky, auteur de l'escroquerie des faux bons de Bayonne. Le rescapé de l'avortement se considérait-il aussi comme un faux?

XIII. MONTE CRISTO

Ce poème combine réminiscence littéraire (*Monte-Cristo* de Alexandre Dumas Père) et souvenir personnel (la jeune fille de la forêt). Ce souvenir retrouvé est, des années après, une source inépuisable d'inspiration

XIV. NOMBRES ET LETTRES

Comme le poème "les Scythes", cette pièce semble évoquer le désaffection pour la poésie et la littérature tout en annonçant leur revanche sur les sciences exactes. Le corbeau et le Lion Vert sont sans doute des figures alchimiques qui interviennent dans la divination (l'art de Cassandre), la reine des "sciences inexactes" qui fait appel aux calculs et à la magie des mots.

XV. RETOUR AUX ORIGINES

Les sensations visuelles, sonores et olfactives qui vous saisissent en pénétrant dans la forêt évoquent le retour au néant originel.

XVI. COUCHANT

Ou comment exprimer l'inexprimable.

XVII. LE VOYEUR

Images de calme ou d'agitation, de vide ou de grouillement, d'intimité ou de folie collective, images visuelles, sonores, olfactives, images de bonheur, images de souffrance: tout n'est qu'image pour l'auteur affligé d'incommunicabilité pathologique qui fait de lui un pitoyable "voyeur", alors que, comme disait Pierre de Coubertin....

XVIII. THANKA

Ce poème se rapporte à un voyage que fit Michel Galiana au Ladakh, un désert montagneux aux confins nord de la province Indienne de Jammur et Cachemire. "Dans les monastères sont conservées de magnifiques peintures sur tissus de soie, de coton ou de lin, appelées "thankas", oeuvres multicolores à sujets spirituels et religieux. Il existe des règles bien définies à observer pour confectionner une thanka: ce travail ne doit être commencé qu'au moment propice et les lamas n'arrêtent pas de chanter des cantiques jusqu'à son achèvement. On procède alors à la cérémonie de mise en place de la toile qui devient désormais un objet de vénération d'origine divine. Ces toiles sont un incomparable mélange d'influences chinoise et indienne. Le thème traité le plus souvent dans ces peintures est celui du cycle de la vie et de la mort. On y dépeint l'être humain qui s'accroche à la vie, malgré toutes les vicissitudes, alors que le salut ne peut venir que de Bouddha. Une version de ce thème montre un démon, Mahakala (le grand Noir), portant sur la tête une guirlande de cinq crânes humains, qui tient une roue entre ses griffes et ses dents. La roue est le cercle de l'existence et le démon représente l'instinct de vie. Sur le moyeu de la roue, un coq, un serpent et un porc se poursuivent et actionnent la roue: ce sont le désir, la colère et l'ignorance. La roue est divisée en six secteurs, dont chacun décrit certaines réalités de l'existence terrestre ("rochers nus, les pics aigus, la steppe rase"...) ainsi que des demi-"dieux (emmêlés)" que l'on voit eux aussi assujettis à la vie et au trépas. Un peu éloigné de la roue et de ses suppliciés trône en extase Bouddha ("l'Eveillé") qui montre le chemin du salut. Les quatre éléments ont un rôle prépondérant dans ces représentations (et ils sont évoqués dans la seconde strophe avec la fameuse "hantise" qui tourmente l'auteur). D'autres symboles souvent usités sont l'auréole, le faisceau lumineux et les membres multipliés, comme les nombreuses mains de la déesse Tara, qui symbolisent l'omniprésence, la force et la bienveillance des personnages qui en sont dotés." Le mot "trame" dans le dernier vers est utilisé à dessein: son équivalent sanskrit "tantra" désigne des manuels de pratiques ésotériques en honneur tant sans le bouddhisme que dans l'hindouisme. Source: *Ladakh* de Rajesh et Ramesh Bedi.

XIX. BEAUTE

Tout comme "Ulysse à Montparnasse" ce poème fait référence à un ouvrage de James Joyce, *Finnegans Wake*. Comme l'Histoire dans le modèle, c'est ici la recherche de la beauté qui est cyclique et le poème commence par la fin de la phrase qui termine la cinquième strophe. Les phrases peuvent être combinées de diverses façons. Le récit est à la fois une narration et un rêve.

XX. ARS POETICA

Suivant ses modèles modernes, Galiana abandonne le vers classique et l'alexandrin devenus désuets, communs et inutiles pour chanter l'amour impossible. Il évoque à propos du vers de onze pieds l'image de l'araignée, plus en harmonie avec ses préoccupations actuelles et que l'on trouve déjà dans le poème « Aragne » A titre d'illustration, deux vers dans la première strophe débordent sur le vers suivant et la dernière strophe débute par un vers de six pieds.

XXI. CONSOLATION

Le Dr. Engelhardt, alpiniste invétéré, note que c'est à juste titre que dans le texte français "la nuit monte."

XXII. CONVULSIONS EUROPEENNES

Après avoir évoqué les laborieuses étapes de la construction de l'Europe, l'auteur porte une appréciation très négative sur les tendances et les évolutions qui s'imposaient à la culture européenne dans les années 90. "Daphnis et Chloé" est l'antique et bucolique histoire de deux enfants abandonnés recueillis par des chevriers dans l'île de Lesbos qui peu à peu s'éprennent l'un de l'autre, leur amour évoluant de l'innocence enfantine vers la pleine maturité sexuelle.

Caius Cornelius Gallus était considéré par Ovide comme le père de la poésie élégiaque. Pour Bonhomet cf. "Axel" (1-XXV).

XXIII. MARQUETERIE

La maison paternelle de Viroflay, celle des grands-parents de Nantes ainsi que d'autres souvenirs (y compris une réminiscence d'un poème de jeunesse, "Lorelei") sont évoqués ici de manière entrecroisée, selon le procédé du "cheminement de pensée consciente" emprunté à James Joyce.

XXIV. L' ETRANGER

Croiser une passante par une chaleur écrasante près d'une église St. Clément à Rome rappelle au promeneur une autre passante croisée un 15 août près de l'église St. Clément de Nantes. Dès lors choses vues, rêvées et remémorées se superposent comme dans un kaléidoscope.

XXV. LE JUMEAU
Le second livre de poésies publié par Michel Galiana s'achève par cette nouvelle évocation de l'abominable double caché, indispensable complément de sa personnalité consciente, qui avait déjà fourni le sujet de précédents poèmes (Le lutteur, Le nautonier, Hermès parle, etc.) Actéon avait été déchiré par ses propres chiens après avoir été transformé en cerf par Artémis qu'il avait surprise au bain par un malheureux hasard. Un oeil, une sandale: allusion aux trois Grées, trois vieilles sorcières pourvues d'une chevelure grise et d'une peau ridée dès leur naissance et qui n'avaient qu'une seule dent et un seul oeil pour elles trois. Saladin: Sultan d'Egypte qui reprit Jérusalem aux Chrétiens en 1187 avant d'être vaincu par Richard Coeur de Lion en 1191.

www.ingramcontent.com/pod-product-compliance
Lightning Source LLC
LaVergne TN
LVHW041620070426
835507LV00008B/358